한 권으로 마스터하는
보고서 완성 스킬북

한 권으로 마스터하는
보고서 완성 스킬북

허지안 지음

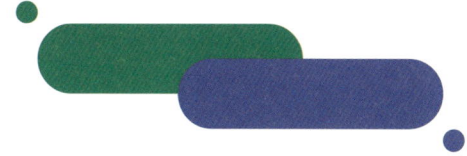

읽히는 보고서를 위한
소통의 기술

어깨 위 망원경

개정판 서문

　이 책은 기차 안에서 탄생했다. 15년 이상 여러 기관의 경영실적평가 및 내부성과평가 관련 교육과 자문을 위해 전국의 혁신도시를 오가기 위해 이용했던 교통수단이 기차였다. 질문받았던 내용을 메모해 두고, 다음 교육 때 먼저 전달해 시행착오를 줄여야겠다고 마음 먹었다. 이런 동기로 시작한 메모가 클라우드에 10여 년 정도 쌓였다. 어림잡아 4,000명이 넘는 참가자들의 질문을 모았다. 공통으로 알아두면 도움이 될 내용을 정리하다 보니 매뉴얼이 탄생했다.

개정판을 준비하면서 여러 모로 고심했다. 먼저 초판에서는 간략하게 다룬 부분도 여러 지표와 사례를 통해 더 자세하게 풀어 서술했다.

또한 초판에서 다루지 않았던 부분도 이번에는 과감히 다루었다. 특히 작성양식에 대해 추가했는데, 실적보고서 작성에 실질적인 도움이 될 것이다. 사실 작성양식은 자칫 잘못 받아들여질 수 있기에 초판에서는 다루지 않았다. 그러나 이번에는 유용하게 활용할 수 있는 표준적인 작성양식과 더불어 다양한 변형 사례 등을 제시하여 적합한 양식을 판단할 수 있도록 구성하였다.

마지막으로 〈보고서 작성 스킬북〉에 13가지 원칙으로 제시했던 내용을 내용과 형식으로 나누어 두 가지 파트로 재구성해 보았다. 1부는 무엇을 쓸 것인가를 다루고, 2부는 어떻게 담아낼 것인가에 대해 소개한다.

이번에 가장 염두에 둔 부분은 실적보고서를 처음 작성하는 담당자부터 이미 작성경험이 있는 담당자들까지 각자의 상황에 맞게 활용할 수 있도록 구성하는 것이었다. 바라기는 실적보고서라는 버거운 과업으로 고심하는 모든 담당자들에게 조금이나마 도움이 되었으면 한다.

초판 서문

이 책은 쉽게 읽히는 경영실적보고서 작성을 위한 매뉴얼이다.

개인 업무 혹은 소속부서(내부평가), 소속기관(외부평가)을 대표해 보고서를 작성하는 이들을 위해 썼다.

한 해의 성과를 집대성하는 데는 상당한 노력이 필요하다. 내부자들의 관심이 집중되고, 대개 자신의 업무를 넘어서는 광범위한 실적을 설명해야 하기 때문이다. 내부성과평가의 경우에 작게는 5-6페이지, 많은 경우 20페이지 정도를 작성해야 하니 결코 쉽지 않다. 더욱이 경영실적평가의 경우라면 기관내 거의 모든 영역의 실적을 250페이지 이상의 분량에 작성해야 한다.

입사 이후 지사에서 쭉 근무하다가 본사 발령을 받고 처음으로 경영실적보고서라는 것을 작성해야 했던 어느 담당자는 열정적으로 초안을 작성했지만 아쉽게도 제출을 한 달 앞두고 처음부터 다시 작성해야 했다. 지사에서는 보고서를 쓸 일이 없기도 했지만 실적보고서 작성방법을 제대로 알려주는 사람이 없었기 때문이다. 한 줄을 적기 위해 몇 시간을 내부보고자료를 뒤적여서 간신히 초안을 작성했지만, 불필요하게 세부적인 내용이라 처음부터 다시 작성해야 했다. 무엇을 참고해야 하는지조차 감을 잡을 수 없었다.

평소에도 본인 업무를 상당히 꼼꼼히 추진했던 어느 담당자는 다른 부서의 실적까지 포함해서 작성하는 업무가 상당히 난감했다. 결국 기관장 보고 직전에 실시된 임원 강독회에서 작성 방향이 전면 수정되었다. 그러나 절대적인 시간 부족으로 다른 지표들만큼 꼼꼼히 작성하지 못한 채 제출할 수밖에 없었고 현장실사에서 대가를 치렀다.

보고서를 작성하는 목적은 무엇인가? 보고서를 읽는 사람과 소통하기 위한 것이다. 보고서를 읽는 사람은 누구이며, 보고서를 통한 소통의 목적이 무엇인지 떠올려 보자. 단지 '보기 좋게 작성한다'는 접근 만으로는 원래 목적을 달성할 수 없다.

실적보고서에 어떤 내용을 작성해야 하는지가 고민이라면 〈Part 1〉의 내용이 유용하다. 경영실적보고서에서 흔히 '개선점'이라는 불리우는 내용이 과연 무엇을 의미하는지를 알 수 있을 것이다. 또한 기관만의 차별화된 실적, PDCA적 관점에서의 체계적인 개선, 스토리텔링 방식으로 설명해야 한다는 요구들을 실적보고서에 어떻게 담을 수 있는지에 대한 힌트를 얻을 수 있을 것이다.

"올해는 상당한 성과를 거두었으니 '보고서에 잘 포장해 주세요'"

실적보고서 작성자가 되면 흔히 듣는 격려사이다. 그러나 '포장'이라는 단어에 대한 상호 간의 정의는 다른 듯하다. 기관의 노력이 평가자에게 잘 전달될 수 있도록 내부보고서에는 생략된 행간의 의미를 찾아내어 실적보고서에 기술하는 것도 '포장'의 범위에 포함된다. 단순히 화려한 도형으로 둘러싸고 숫자를 그래프로 표시하거나 인포그래픽을 삽입하는 것은 격려사에서 듣는 '포장'과는 엄연히 다르다.

근거 없는 추상적인 미사여구를 사용해서 작성하거나 화려하고 감성적인 그래픽을 활용한 보고서가 보고서는 아니다. 보고서를 읽는 사람이 원하는 방향에 맞게 작성되고 소통 목적에 맞는 내용이 풍부하게 담겨 있는 보고서가 잘 쓴 보고서이다.

잘 쓴 보고서는 쉽게 읽힌다. 〈Part 2〉는 쉽고 빠르게 읽히는 보고서를 작성하는데 유용한 기법을 다룬다. 작성자의 경험 정도를 떠나 누구나 쉽게 적용할 수 있는 테크닉을 소개한다. 이 파트는 십여 년 이상의 우수기관 실적보고서 사례에서 찾아볼 수 있는 공통적인 작성법들을 토대로 구성하였다. 또한 실적보고서 초안을 고도화하는 과정에서 저자가 주로 제안하는 작성양식이 포함된다.

다시 정리하자면, 본서는 평가자의 관점에서 경영실적보고서를 작성하는 방법을 내용적 측면(Part 1)과 형식적 측면(Part 2)으로 나누어 제시하였다. 만약 경영실적보고서를 처음 작성한다면 〈Part 1〉부터 순서대로 읽을 것을 추천한다. 시간이 없다면 〈Part 2〉는 작성과정에서 필요한 부분을 찾아 활용하면 된다. 작성경험이 있는 경우라면 목차와 상관없이 궁금한 내용을 찾아보아도 무방하다.

차례

개정판 서문 … 4
초판 서문 … 6

Part 1 내용

읽는 사람이 공감할 수 있도록 작성하라 … 14

체계적인 보고서는 PDCA 사이클을 토대로 작성된다 … 30

적정한 노력과 적합한 성과를 통해 논리적으로 설득하라 … 44

개선의 진의(眞意)를 파악해야 개선점이 명확해진다 … 54

우수한 실적은 차별화가 필수적이다 … 60

공감을 얻기 위해서는 스토리텔링 방식으로 작성해야 한다 … 68

전년 대비 개선점과 현재 운영수준의 우수성을 균형 있게 작성하라 … 90

Part 2 형식

잘 작성된 보고서는 형식과 내용이 조화를 이룬다	104
개선점을 그룹핑(grouping)하는 방식은 항상 유용하다	112
이해하기 쉬운 보고서는 프로세스를 활용해서 실적을 설명한다	122
잘 읽히는 보고서는 나무보다 숲을 보여준다	138
체계적으로 작성된 보고서는 단기적 실적과 장기적 접근 모두 다룬다	144
개선의 방향성을 표현하는 키워드가 부각되게 작성하라	152

Part 1
내용

읽는 사람이
공감할 수 있도록
작성하라

보고서는 소통의 도구이다

보고서를 작성하기 전에 편람부터 이해하라

실적보고서는 평가편람에 제시된 평가 지표체계에 따라 작성된다. 최근 평가체계는 기관들의 경영실적을 체계적, 종합적으로 평가하기 위해 경영관리와 주요사업이라는 두 가지 범주로 구성되어 있다. 또한 평가목적에 따라 별도의 가점지표가 추가되기도 한다.

각각의 범주에는 여러 단위의 평가지표가 존재한다. 경영관리 범주의 평가지표는 공통으로 적용되며, 주요사업 범주의 평가지표는 기관에 따라 달리 설정된다. 경영관리 범주에서는 기관의 인원과 예산 및 사업 규모와 관계없이 단위 평가지표와 세부평가내용이 동일하게 적용된다. 중장기재무관리계획의 제출 여부, 출자회사 보유 여부 등 기관 특성에 따라 일부 세부평가내용은 적용이 배제될 수 있다. 한편 주요사업 범주는 기관 주요사업의 정의를 비롯하여 주요사업별 계량지표의 구성, 비계량지표 성과관리체계 등 평가체계를 기관과 사전 협의하여 설정하게 된다. 각 평가지표는 여러 평가항목이 기관에서 어떻게 운영되는지를 묻는 일종의 영역별 질문지이다. 평가지표 내에서 일정 수준을 충족할 필요가 있는 항목들을 제시한다는 점에서 기관에 대한 일반적 요구사항이라고도 볼 수 있다.

경영관리 범주의 평가지표가 획일적으로 적용되는 공통 질문지라면, 주요사업 범주의 평가지표는 기관 스스로 개발한 맞춤형 질문지라고 할 수 있다. 기관의 경영관리 및 주요사업을 통해 성과를 창출해야 하는 주요 내용을 제시하는 평가편람은 문제지에 해당하고, 기관의 경영실적보고서는 평가편람의 요구사항에 관한 내용을 담고 있기에 기관이 작성한 답안지이다. 경영실적보고서는 공통 요구사항을 이행하고 목적사업을 추진하여 대국민 서비스를 향상시킨 노력과 성과를 보여주고자 한다. 구체적으로 어떤 노력과 어떤 성과를 창출하였는지, 어느 정도의 우수한 수준에 도달했는지를 제시하는 답안지인 셈이다.

모든 서술형 시험이 그렇듯 답안지를 잘 쓰기 위해서는 문제의 의도에 대한 정확한 이해와 답변을 위한 충분한 지식이 필요하다. 상대방과 대화할 때 질문을 잘못 들으면 엉뚱한 답변을 하게 되어 소통이 원활하지 않게 된다. 마찬가지로 무엇을 작성해야 하는지 명확하게 알지 못하면 평가 방향에 부합하지 않는 엉뚱한 내용을 작성하거나 실적을 누락하게 된다. 대화가 원만하게 이루어지기 위해서는 우선 상대방의 말을 잘 경청하는 것이 중요하다. 마찬가지로 좋은 보고서를 작성하기 위해서는 질문, 즉 평가내용을 정확하게 이해해야 한다. 동문서답은 질문을 이해하지 못한 데에서 기인한다. 질문은 제대로 이해했으나 실적이 부족한 경우보다 질문 자체를 아예 이해하지 못한 경우가 더 부정적인 인상을 남긴다. 일상의 업무에서 작성되는 결과보고서라면 작성지시에 오해가 있었는지를 확인한 후 보완하거나 재작성할 수 있다. 그러나 1년에 한 번 기관의 모든 성과를 총정리하여 기관운영의 성과를 평가받기 위한 실적보고서에 부적합한 내용을 제시하는 것은 기관의 개선 의지와 역량을 의심케 하는 결정적인 단서가 된다. 그러므로 보고서 작성자들은 질문(편람)에서 요구하는 답안(보고서)의 내용이 무엇인지를 스스로 파악할 수 있어야 한다. 질문지에 적혀 있는 명시적인 요구사항뿐만 아니라 세부적인 개념과 용어, 연관된 정책의 방향과 구체적인 내용 등에 대해서도 충분히 숙지할 필요가 있다.

편람의 지표와 기관의 실적 두 가지를 모두 알아야 한다

  기관에서 개선한 노력과 성과 중에서 전달해야 하는 내용과 전달할 필요가 없는 내용을 구분할 수 있어야 한다. 그 기준은 바로 평가편람이다. 우선 지표정의를 통해 지표에서 요구하는 실적의 방향성과 범위를 확인할 필요가 있다. 왜냐하면 세부평가 항목에 적시된 내용들의 공통된 방향성을 가늠하는 데에 도움이 되기 때문이다. 나아가 세부평가 내용이나 세부사항의 내용을 숙지하여 당해연도 신규 반영된 요구사항에 대한 실적이 누락되지 않도록 확인해야 한다. 반대로 더이상 평가대상이 되지 않는 삭제된 요구사항에 대해 불완전한 내용을 작성하지 않도록 주의할 필요가 있다. 매년 정책이 변경되거나 구체화되는 등의 사유로 연중에 편람이 변경될 수가 있다. 그런데 단순히 전년도 보고서를 토대로 작성한다면 추가된 평가내용에 대한 실적이 누락될 수 있다. 반대로 사라진 평가내용에 대한 실적을 작성할 수도 있다. 더욱이 개선노력이 미흡하거나 성과가 우수하지 않다면 작성할 필요도 없는 내용을 억지로 작성하여 불필요한 지적을 받을 위험이 있다. 그러므로 보고서 작성과정에서 전년도 실적보고서와 타기관 작성사례를 보기 전에 우선적으로 당해연도 편람의 내용을 확인해야 한다.

지표의 내용을 이해한다는 것은 한 면으로 특정 지표의 추진체계 및 방법론 등 보편적인 성과관리 방법론을 이해하는 것을 뜻하고, 다른 한 면으로 지표의 실적과 관련하여 현재 정책에서 요구하는 성과관리의 방향성을 이해하는 것을 의미한다. 가령 전략기획을 다루는 지표의 경우, 경영전략의 수립 절차와 방법론, 전략구성의 적절성 및 전략의 실행메커니즘 등 지표의 성과관리를 위한 방법론을 기본적으로 숙지해야 한다. 그러나 경영전략의 수립 및 실행과 관련하여 2010년 편람에는 전략개발 방법론과 프로세스, 전략과 연계된 사업별/부서별 명확한 목표설정 등이 요구되었으나 2023년 편람에는 공공성과 효율성의 균형을 갖추고 ESG 등을 고려하도록 명시되어 있다. 즉, 2010년과 2023년 모두 경영전략의 수립 및 실행을 위한 보편적인 성과관리 방법론을 적용하여 관리하되, 2023년에 요구되는 성과의 방향성은 공공성과 효율성의 균형을 갖추도록 명시적으로 요구사항을 전달한다.

한편 편람에 착안사항의 내용으로 명시적으로 제시하지 않아도 경영환경과 정책의 방향성을 고려하여 지표의 성과관리 요구사항을 파악해야 하는 지표도 존재한다. 예를 들어 재무예산지표 중 재무관리계획 수립에 대한 평가내용이 존재한다. 2013년 당시 지표관리의 방향성은 부채비율을 감축하고 불필요한 자산 및 출자회사 지분을 매각하는 선진화 계획을 이행하는 것이 주된 방향성이었다. 반면 2018년에는 민간의 혁신성장 지원과 일자리 창출 등 사회적 가치를 실현하기 위한 투자를 확대하는 방향으로 전환되었다. 이러한 방향성은 편람에 명시적으로 반영되어 있지는 않다. 국정과제나 경제정책방향, 예산편성지침, 경영평가 결과의 해석 및 제도 개편방향 등 다양한 정보를 토대로 파악해야 하는 내용이다. 즉, 지표에서 다루는 성과관리의 범위는 같더라도 정책의 방향성에 따라 무게를 두어야 하는 성과관리 영역이 달라진다는 의미를 이해해야 한다.

한편 질문(평가항목)을 이해하고 있더라도 답변할 내용(실적)을 충분히 알지 못하면 기관의 노력을 보고서에 적절하게 담아낼 수 없다. 인사이동으로 새로 배치받은 부서에서 지표관리 담당자가 되어 업무 자체를 파악할 시간조차 부족한 상태에서 전년 대비 개선계획을 수립하고 실적보고서를 작성해야 하는 경우가 대표적이다. 혹은 여러 부서의 성과가 통합적으로 관련된 지표를 통합하는 총괄 작성자 역할을 하게 되는 경우, 전체 내용을 충분히 알지 못하는 상황에 놓일 수도 있다. 입사 후 근무이력이 너무 짧아 기관의 사업특성이나 조직운영상의 특성에 대한 정보가 부족하거나, 어떤 특정한 제도와 실적이 과거로부터 현재에 이르기까지 어떻게 발전되고 있는지 파악하지 못한다면 기관 내부에 있는 실적을 맥락에 맞게 설명하지 못하여 평가자에게 왜곡된 정보가 전달되기도 한다. 실적을 정확히 알지 못하는 상태에서 작성되는 실적보고서는 필요한 내용이 누락되거나 평가의 관점에서 중요하지 않은 내용 혹은 관련성 없는 내용을 제시하게 될 우려가 있다.

지표담당자로서 기관에 대한 실적을 이해한다는 것은 기관의 당해연도의 실적뿐만 아니라 오랜 기간에 걸친 기관의 발전 흐름과 조직내 연관 분야의 변화를 포괄적으로 이해하는 것 또한 의미한다. 작성자가 해당 업무의 실무자로서 구체적인 실적에 대해서는 누구보다 잘 알고 있다고 하더라도 기관의 전략이나 조직 내 타 기능과의 연계성 등 기관 전체적 관점에서 진정한 실적의 의미를 이해하지 못한다면 설명하는 데에 한계가 생긴다. 그러므로 실적보고서를 잘 작성하기 위해서는 작성하고자 하는 업무를 잘 알고, 더불어 평가편람에서 요구하는 사항을 충분히 이해해야 한다.

평가자의 관점에서 보고서를 작성하라

　실적보고서 작성의 목적은 보고서 작성 그 자체가 아니라 보고서를 읽는 사람이 거기 작성된 내용을 이해하고, 작성 의도대로 기관의 노력과 성과를 인정하도록 공감대를 끌어내는 데에 그 목적이 있다. 실적보고서는 평가자에게 의미있는 정보를 효과적으로 전달하는 소통 수단이다. 그러므로 읽는 사람, 즉 평가자의 관점에서 작성되어야 한다.

　평가자에게 필요한 정보를 중심으로 작성해야 평가자의 관점을 반영하는 것이다. 평가자가 파악하고자 하는 정보는 경영관리 범주와 주요사업 범주를 통틀어 전년 대비 개선을 위한 노력 및 당해연도 성과의 우수 수준 정도를 파악할 수 있는 객관적이고 신뢰성 있는 정보이다. 시간순서에 따른 통상의 업무 나열이나 기관의 노력이 확인되지 않은 획기적 성과의 나열, 사회경제적 환경 변화로 자연스럽게 나타난 것으로 보이는 사업 성과 등은 기관의 노력과 성과를 판단하기 위한 정보의 역할을 할 수 없다. 그러므로 경영실적보고서 역시 방대한 사실의 구체적인 전달보다 전년 대비 개선을 위한 노력과 경영관리 및 사업운영 부문에서 우수한 수준임을 주장할 수 있는 신뢰성 있는 근거를 중심으로 작성해야 한다.

작성자가 보기에는 작성 내용이 구체적이지 않다고 생각되거나, 평소에 생각하지 않은 측면이라 하더라도 읽는 사람의 관점에서 관심 있는 내용 위주로 작성해야 한다. 보고서는 대부분 해당 업무의 실무자가 작성하므로 구체적인 업무추진 내용을 중심으로 설명하는 관성이 생기기 마련이다. 그러나 작성자의 관점에서 세부 업무를 나열하기보다 개선을 위한 노력과 전년 대비 개선된 성과, 현재 수준의 우수성 등에 초점을 맞춘 내용을 작성하도록 힘써야 한다.

실적을 바라보는 기관의 관점과 평가자의 관점에는 차이

작성자와 평가자의 관점

작성자	평가자
√ 기업 지원금액이 전년 대비 2배 이상 증가했습니다.	▶ 정부지원 예산이 증가한 것 아닌가요?
√ 전년 대비 여행객이 2배 이상 증가했습니다.	▶ 코로나 엔데믹으로 자연스러운 현상 아닌가요?
√ 온라인 방문객이 전년 대비 25배 증가했습니다.	▶ 전년도가 워낙 낮았기 때문 아닌가요?
√ 기관 최초로 새로운 제도를 도입했습니다.	▶ 정부 지침상 의무사항 아닌가요?
√ 연간 80개 교육과정에 2,000명 이상이 참여했습니다.	▶ 그래서 성과가 무엇인가요?

가 있다. 위의 사례처럼 기관에서는 전년 대비 지원금액이 2배 이상 증가했다거나 여행객 등 이용고객이 2배 이상 증가했다는 실적을 자신있게 제시한다. 그러나 평가자의 관점에서는 정부가 기업지원사업의 예산확대를 결정하면 자연스럽게 지원금액이 증가하게 되고, 기관은 이를 단순히 집행한 것이므로 기관의 성과로 보기가 어렵다. 이용고객이 전년 대비 증가한 실적과 관련해서는 기관의 마케팅이나 홍보, 상품개발이나 서비스 개선 등의 노력이 유효했다는 성과를 객관적으로 입증하지 못한다면, 코로나19 엔데믹으로 야외활동을 원하는 국민의 비중이 늘어난 결과로 나타난 자연스러운 현상으로 치부될 위험도 있다.

전년 대비 개선노력은 단순히 전년 대비 변화되거나 증가된 사실만을 의미하지 않는다는 점에 유의해야 하며, 또한 PDCA 사이클에 의한 체계적인 개선노력을 설명하는 등 평가자의 관점을 이해하기 위해 애써야 한다.

전년도 성과 수준이 타 기관 대비 상대적으로 낮은 기관은 전년 대비 운영수준을 향상시키기 위한 개선노력이 필요하다. 더불어 타 기관과 견줄 수 없을 정도의 개선노력을 전사적으로 경주했더라도 성과로 나타나지 않는다면 그 결과는 공허할 수밖에 없다. 그러므로 개선노력도 중요하지만, 그로 인해 기관의 운영 수준이 전년 대비 향상되어야 의미있는 개선이 이루어졌다고 할 수 있다.

한편 전년도까지 상당히 우수한 수준이었다고 하더라도 전년 대비 개선노력이 유지되지 않는다면 그 우수성은 오래 지속될 수 없다. 타 기관들 역시 지속적인 개선노력을 기울이므로 상대적으로 우수한 수준을 지속적으로 확보하기 위해서는 자신을 뛰어넘는 개선노력이 필요하다.

평가자에게는 실적보고서뿐만 아니라 기관 설명회 및 추가적인 구두 설명, 사전질의에 대한 답변자료 및 현장실사, 실사 후 추가 질의 등 평가에 필요한 정보를 얻을 다양한 기회가 있다. 하지만 그중 경영실적보고서는 가장 체계적으로 전 부문에 대한 기관의 노력과 성과를 담아 놓은 평가자료이다. 모든 평가지표의 요구사항 충족 정도와 전년 대비 개선을 위한 노력 및 당해연도 성과의 정도를 판단할 수 있는 내용은 평가자에게 중요한 정보가 된다. 그러므로 실적보고서는 '전년 대비 개선을 위한 적절한 노력이 있었고, 개선 활동들이 성과로 나타나 현재 운영수준이 타 기관 대비 상대적으로 우수하다'라는 결론을 내릴 수 있도록 정보전달 역할에 충실해야 한다. 또한 실적보고서는 객관적이고 신뢰할 수 있는 내용에 근거해서 작성되어야 한다.

국민의 눈높이에서 이해할 수 있는 보고서를 작성하라

성과평가를 하기 위해서는 평가단이 구성된다. 내부성과평가 시에는 기관마다 규모와 구성비에 차이가 있겠지만 내부인과 외부인으로 구성되는 경우가 대부분이다. 경영평가 시에는 전원 외부인으로 구성된다. 실적보고서를 읽는 사람(평가자)이 외부인이라는 사실은 일반 업무보고서와 실적보고서의 결정적인 차이를 나타낸다. 기관 내부에서 작성하는 업무보고서에서는 일상적으로 사용되는 용어, 개념, 절차 등이 전혀 문제가 되지 않는다. 그러나 실적보고서에서는 어느 것도 당연하게 전제할 수 없다. 기관 내부에서는 아무도 문제를 제기하거나 궁금해하지 않는 경우라도, 외부인의 관점에서는 궁금하고 생소한 내용일 수 있다.

한편 실적보고서를 읽는 외부전문가는 기관의 주요사업 전문가들로만 구성되지는 않는다. 평가에 참여하는 외부전문가는 다양한 분야의 전문가들로 구성되지만, 모든 기관의 전문적인 사업영역에 대한 폭넓고 깊이 있는 지식 유무가 자격의 필수조건은 아니다. 그러므로 실적보고서는 일반국민이 이해할 수 있는 수준에서 작성되어야 한다. 국민이 일상생활에서 쉽게 접하지 못하는 아주 특수하고 전문적인 분야의 사업을 수행하는 기관이라면 보고서 작성 시에 더욱 주의가 필요하다.

보고서에 작성된 내용을 이해하는 데에 선행지식이 필요하다면 외부인의 관점에서 좋은 보고서라 할 수 없다. 전문용어나 사업의 구조나 흐름을 알아야 이해할 수 있다거나 과거 몇 년간의 진행 경과를 알고 있어야 눈에 들어오는 내용은 국민의 관점에서 이해하기가 어렵다. 정확히 설명하고자 전문용어를 사용하고, 전문용어에 대한 설명을 추가해도 이해가 안 되는 건 마찬가지이다.

'어떤 일을 했는가'를 설명하기 위해 정확한 전문용어를 구사하여 구체적으로 설명하거나, 단순히 시간순서에 따라 기술한 보고서를 작성하는 것은 '평가에 필요한 정보전달'이라는 보고서의 목적을 고려했을 때 효과적이지 않다. 평가자가 찾는 정보를 생각한다면 '어떤 노력을 통해 무엇이 개선되었는가'가 핵심적이며, 국민의 관점에서 본 개선의 효과나 개선의 방향성을 설명하기 위해서는 전문용어를 사용할 필요가 없다. 전문용어와 내부용어를 가급적 자제하고 국민의 관점에서 개선점과 성과를 제시해야 정보전달의 가능성이 커진다.

특정 부서가 아니라 기관 전체의 관점에서 보고서를 작성하라

 실적보고서는 지표 담당부서의 실무자가 작성한다. 기관별 조직구조에 따라 특정 지표의 담당부서나 실무자 직급은 다를 수 있다. 그러나 조직 내 관리자나 임원이 아닌 부서 실무자가 작성한다는 사실은 거의 동일하다. 담당자가 작성한 실적보고서를 해당 부서장의 검토를 반드시 거치도록 하더라도 역시 특정 지표와 가장 관련성이 높은 부서의 관점에서 검토할 가능성이 높다.

 경영실적보고서는 특정 부서의 성과평가를 위해 작성되는 것이 아니라 기관의 노력과 성과를 평가받기 위해 작성된다. 연말이면 여러 성과평가가 진행되는데, 경영실적평가의 대상이 되는 공공기관들은 대부분 기관 내부적으로 조직성과평가를 진행한다. 내부성과평가는 부서의 성과관리 노력 및 성과를 평가하게 되므로 타 부서의 수행실적을 언급하거나, 부서간 협업에 의한 성과나 부서의 기여도가 미흡한 내용을 기재하는 것은 상호간에 금기시된다.

 내부성과평가와 정부경영평가를 대개 연말이나 연초에 준비하기에 경영평가를 내부평가와 혼동하여 지표담당부서의 관점으로 실적을 작성할 수 있다. 그러나 경영실적보고서는 기관 전체적 관점에서 접근해야 한다.

예를 들어, 중소기업의 경쟁력 제고를 위한 노력 및 성과를 평가하는 지표에는 중소기업들의 기술경쟁력 제고를 위한 노력과 더불어 적정대가를 지급하도록 하는 노력, 해당 중소기업들을 대상으로 역량강화 및 근로자 복지지원을 위한 다양한 노력 등도 실적 범위에 포함된다.

만약 이 지표의 담당부서를 계약부서로 선정하면 계약과정의 공정성과 투명성, 적정한 대금지급을 위한 제도 개선 등을 중심으로 작성될 것이다. 한편 기술력 향상을 위한 지원은 해당 기술을 소유한 타 부서의 업무에 해당한다. 또한 역량강화 및 복지지원 실적도 타 부서의 업무에 해당한다.

그러므로 지표관점이 아닌 지표담당 부서의 관점에서 접근한다면 계약부서 실적만 작성하게 될 우려가 있다. 결국 지표에서 요구하는 중소기업지원을 위한 전체적 관점에서 실적을 제시하지 못하게 되는 것이다.

경영실적보고서는 기관 전체의 노력 및 성과에 대한 평가자료이다. 그러므로 작성의 편의상 어느 부서가 지표담당 부서인가와는 별개로 기관 내부에 존재하는 노력 및 성과가 충분히 작성될 수 있도록 경영자의 관점, 즉 기관 전체의 관점으로 지표를 바라볼 필요가 있다.

체계적인 보고서는
PDCA 사이클을 토대로
작성된다

과거-현재-미래는
PDCA 사이클로 연결된다

좋은 보고서를 쓰려면 지속발전을 위한 PDCA 사이클을 이해해야 한다

공공기관 경영평가는 지속적으로 우수한 성과를 창출할 수 있는 경영시스템에 대한 평가이다. 평가편람에 따르면 비계량지표의 평가기준은 전년대비 개선도와 전반적인 운영실적으로 설정되어 있다. 당해연도 노력과 성과만이 평가의 대상은 아니다. 지속적으로 발전하는 성과창출 메커니즘을 갖추고 있는가를 평가하는 것 또한 중요하다. 그러므로 기관의 경영목표를 설정하고 각 기능의 목표와 방향성을 정렬하고 이를 실행하며, 학습과 혁신을 추구하는 과정이 평가대상에 포함된다.

현재 비계량지표는 각 지표별 세부평가내용 전체를 대상으로 전반적인 운영실적과 전년대비 개선도를 고려하여 평가하도록 경영평가편람에 규정되어 있다. 2008년 이후 경영평가제도에 말콤 볼드리지 모형을 도입하면서 비계량지표에 ADL 평가의 관점이 적용되었다. 이는 ①지표별 관리방법(계획, Approach), ②관리방법의 실행(집행, Deployment), ③학습과 혁신(평가 및 환류, Learning & Innovation) 등 3가지 요소로 구성되며, 품질관리 분야에서 고전적으로 활용되는 PDCA를 기반으로 한다. 특히 2011년 주요사업 비계량지표에 대한 PDCA 평가가 공식적으로 도입되면서, 기관 전체의 경영시스템 평가체계로서의 ADL의 관점과 주요사업 성과관리를 위한 PDCA의 관점이 틀을 갖추게 되었다.

PDCA는 Plan(계획)-Do(실행)-Check(평가)-Action(개선)으로 구성되는 일련의 사이클을 의미한다. 계획수립, 실행, 분석 및 피드백 일련의 업무흐름은 단선적이지 않고 피드백(A)을 다시 계획(P)으로 연계하는 순환체계로 구성된다. 기관의 역량을 지속적으로 발전시키기 위해서는 변화에 일시적으로 대응하는 데서 그치는 것이 아니라 프로세스의 지속적인 개선과 혁신이 필요하다. 또한 이러한 역량을 조직 내에 축적하고 발전시킬 수 있도록 업무를 체계적으로 수행하고 PDCA를 조직내 모든 업무에 적용해야 한다.

PDCA 사이클은 평가자에게는 실적평가의 관점이면서, 피평가기관에게는 업무를 수행하고 국민서비스를 개선하며 지속적인 성과창출 역량과 경쟁력을 확보하는 메커니즘에 해당한다. 그렇다면 실적평가의 관점과 보고서 작성의 관점에서 PDCA 사이클은 어떻게 활용될 수 있을까? 품질개선을 위한 방법론으로 소개된 PDCA 사이클을 경영평가의 관점에서 평가지표의 지속적 개선을 위한 성과관리 방법론으로 활용할 수 있는 접근법을 소개하고자 한다.

성과관리를 위한 PDCA 사이클

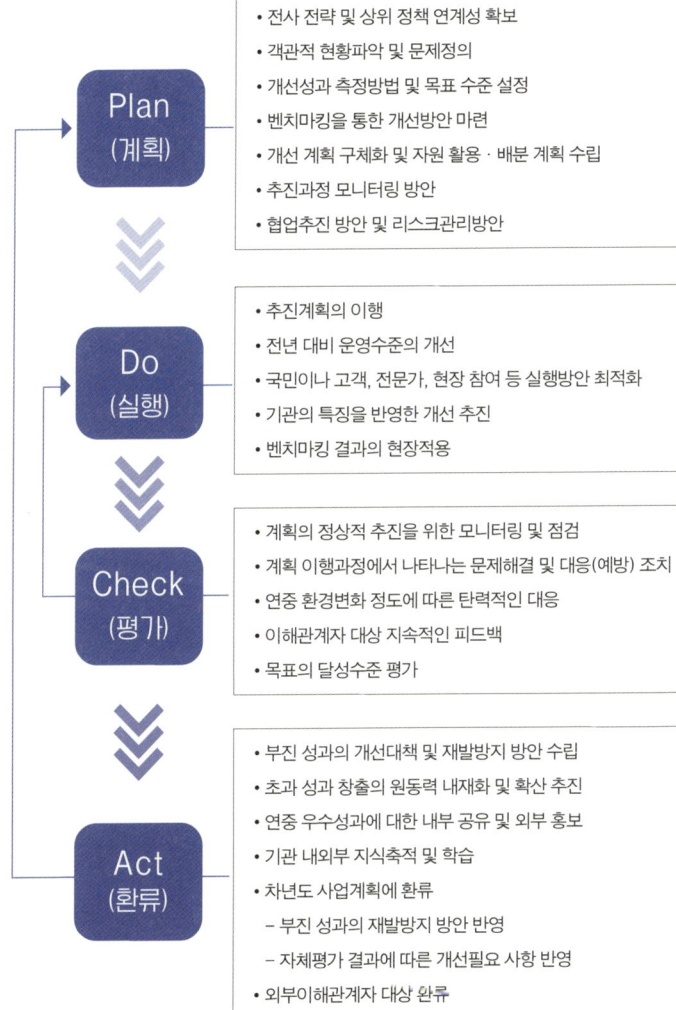

Plan (계획)
- 전사 전략 및 상위 정책 연계성 확보
- 객관적 현황파악 및 문제정의
- 개선성과 측정방법 및 목표 수준 설정
- 벤치마킹을 통한 개선방안 마련
- 개선 계획 구체화 및 자원 활용·배분 계획 수립
- 추진과정 모니터링 방안
- 협업추진 방안 및 리스크관리방안

Do (실행)
- 추진계획의 이행
- 전년 대비 운영수준의 개선
- 국민이나 고객, 전문가, 현장 참여 등 실행방안 최적화
- 기관의 특징을 반영한 개선 추진
- 벤치마킹 결과의 현장적용

Check (평가)
- 계획의 정상적 추진을 위한 모니터링 및 점검
- 계획 이행과정에서 나타나는 문제해결 및 대응(예방) 조치
- 연중 환경변화 정도에 따른 탄력적인 대응
- 이해관계자 대상 지속적인 피드백
- 목표의 달성수준 평가

Act (환류)
- 부진 성과의 개선대책 및 재발방지 방안 수립
- 초과 성과 창출의 원동력 내재화 및 확산 추진
- 연중 우수성과에 대한 내부 공유 및 외부 홍보
- 기관 내외부 지식축적 및 학습
- 차년도 사업계획에 환류
  - 부진 성과의 재발방지 방안 반영
  - 자체평가 결과에 따른 개선필요 사항 반영
- 외부이해관계자 대상 환류

Plan(계획)에는 개선대상을 명확하게 제시하라

Plan 단계는 계획을 수립하는 단계에 해당하며 문제인식, 목표설정, 추진계획 수립, 자원확보 및 배분방안, 추진일정 관리 등의 내용을 포함한다. Plan 단계의 시작은 해결하고자 하는 문제를 인식하는 것에서부터 출발한다. 현재 무엇이 문제이며, 어떤 수준으로 개선하고자 하는가?

문제를 정확히 인지하기 위해서는 여러 사실을 바탕으로 현재 상태를 객관적으로 파악하고 있어야 한다. 도달하고자 하는 목표 혹은 지향하는 방향성을 고려했을 때, 현재 그렇지 못한 부분은 무엇이고 어떤 문제가 나타나는지를 파악하는 것이 가장 우선이다.

현장에는 다양한 문제가 산재해 있지만, 문제해결을 위해 가장 첫 번째로 수행하는 작업은 핵심개선대상을 선정하는 것이다. 예를 들어 6시그마의 문제해결 프로세스(DMAIC)는 Define(정의), Measure(측정), Analyze(분석), Improve(개선), Control(통제)로 이루어진다. 따라서 개선을 추진하는 단계 이전에 목표를 정하고 핵심적인 개선대상을 파악하는 단계가 선행되어야 한다. 6시그마뿐만 아니라 트리즈(TRIZ), 디자인씽킹(Design thinking), PSP(Problem solving process) 등 문제해결 방법론들의 공통점은 개선을 추진하기에 앞서 문제를 파악하고 정의해야 한다는 것이다. 즉, 현재 상태가 개선되기를 바란다면 먼저 사업이나 업무의 성과향상을 위해 개선해야 하는 주요 대상을 파악해야 한다. 이러한 과정은 현재(as is)와 미래(should be)의 격차(gap)를 줄이기 위한 접근법이다. 또한 격차를 줄이기 위해 가장 효과적이고 중요한 개선요소를 선정하여 추진한다는 면에서 매우 전략적인 접근이기도 하다.

핵심적인 성과는 대개 성과지표의 형태로 관리되며 성과지표는 당해연도 목표수준을 설정한다. 기관 내 모든 사업 및 업무는 중장기 경영전략과 정합성을 유지해야 한다. 그러므로 성과지표 및 성과지표의 목표치는 중장기 경영전략의 연차별 로드맵에 따른 해당연도의 목표치와 부합하도록 설정되어야 한다.

핵심적인 성과지표의 개선목표를 설정했다면 구체적인 개선계획을 수립해야 한다. 이때는 사업의 현황분석이나 고객의견수렴, 벤치마킹이나 개선아이디어 도출 등 다양한 접근을 시도할 수 있다. 무엇보다도 성과지표 수준을 향상시키는 데에 유효한 개선과제를 설정하는 것이 중요하다. 과제를 이행하기 위한 구체적인 계획과 추진일정, 자원활용 계획, 진척도 관리 방법 및 주기 등도 계획수립 단계에 포함되어야 한다. 또한 해당 과제의 추진과 관련한 리스크 관리방안을 마련하는 등 계획을 구체적이고 정교하게 수립할수록 목표의 실현가능성이 높아진다.

Do(실행)는 계획과 일관되게 작성하라

계획이 충분히 구체적이고 합리적이라면 추진계획을 이행하는 데 문제가 없을 것이다. 연중 계획을 실행하는 과정에서 여러 세부 업무를 수행할 때마다 상세한 실시계획을 수립하게 된다. 실시계획은 통상 짧게는 며칠, 길게는 수개월에 걸쳐 진행되는데 이때도 실시계획 단위의 PDCA 사이클을 통해 업무를 체계적으로 수행할 수 있다.

예를 들어 중장기 경영목표의 달성을 위해 당해연도 핵심적으로 개선해야 하는 성과지표는 '기업지원제도의 실효성 제고'이며, 해당 성과지표를 통해 연간 수출지원사업에 참여한 기업들의 수출실적이 전년 대비 증가하였는지를 측정한다고 가정해 보자. 지난해 사업에 참여했던 기업 중 몇 군데를 선정하여 인터뷰하고자 계획을 수립한다. 인터뷰의 목적은 지난해 참여한 제도의 프로그램 중에서 체감적으로 가장 만족도가 높고 효과적이었던 프로그램이 무엇인지를 파악하기 위함이다. 실시계획에서 고려해야 하는 부분은 활용할 수 있는 예산과 시간, 인력이나 공간 등 자원의 한계를 확인하는 것이다. 그런 후에 효과적으로 의견을 파악할 방법을 선정하게 될 것이다. 만약 대면으로 그룹인터뷰를 4번 실시하기로 계획을 수립하였다면, 인터뷰 대상기업들을 선정하고 인터뷰한 후 결과를 취합해서 분석, 정리하여 프로그램 개선방안을 마련하는 일련의 과정을 거치게 된다.

한편 인터뷰를 한 달 간격으로 총 4번을 실시한다면, 정해진 시간 동안 다양한 의견을 효과적으로 수렴하기 위해 여러 차례 인터뷰를 진행하는 과정에서 깨닫게 된 주의사항이 있을 수 있다. 1회차 인터뷰 진행결과 원하는 만큼의 다양한 의견을 듣지 못했다고 판단된다면 진행방식의 미숙한 점을 보완하여 2회차 인터뷰에 적용하고, 마찬가지로 4회차까지 지속적으로 보완하면서 진행하면 PDCA 사이클을 4번이나 거친 셈이다. 4회차 인터뷰는 실시계획의 목적을 이행할 수 있도록 원활하게 진행될 가능성이 높아진다. PDCA 사이클이 거듭될수록 업무수행의 품질은 향상된다.

Check(평가)는 실제 작동된 현실적인 내용으로 작성하라

Check(평가) 단계는 앞서 수립한 계획에 따라 주기적으로 진척도나 성과창출 정도를 모니터링하고, 의도한 성과가 최종적으로 달성되었는지 평가하는 단계이다. Check는 Plan에 대응되는 개념이다. 연간 추진계획(P)에 따라 핵심성과지표의 목표달성 정도를 점검하는 단계이다. 개선을 위한 노력이 이루어졌음에도 불구하고 성과 개선 정도가 예상보다 낮게 나타난다면 실행 방식을 변경하는 등으로 적절하게 조치하는 것이 Check 단계에 해당한다.

한편 시스템으로 실적이 집계되는 연속형 변수의 성과지표(가령 방문인원, 지원금액 등)를 모니터링한다면, 당해연도의 목표치를 달성하기 위한 시기별(월별, 분기별 혹은 반기별)로 성과점검하고 조치한다. 자동으로 실시간 집계되는 실적을 모니터로 단순히 바라보는 것은 모니터링이 아니다. 그보다 실적점검을 통해 정상추진 여부를 확인하고 그에 따른 대응 및 조치하는 것이 바로 모니터링이다. 그러나 성과지표가 실시간으로 확인되지 않고 연말에 단 한 번 최종적인 결과로 제시되는 경우라면(가령 이용자 만족도, 제도 인지도 등), 연중 성과개선을 위해 기울이는 노력이 유효한지 확인할 수 있는 대안이 필요하다. 유사한 형태의 약식 서베이를 실시한다거나 이해관계자들의 반응을 주기적으로 확인하는 등의 노력을 통해 연말에 나타날 성과를 예측해 보고 목표달성의 가능성을 높이고자 관리할 수 있다.

연중 업무를 추진하다 보면 추진계획(P)의 수립 시점에 알지 못했던 새로운 정책의 발표나 갑작스러운 사회적 변화 등의 경영환경 변화가 발생하기도 한다. 과거 갑작스러웠던 코로나19 팬데믹 당시가 그렇다. 계획수립시에는 통상의 경영환경을 고려하였으나 사업을 실행하는 과정에서는 대면접촉이 사실상 불가능하여 고객응대방식 및 이해관계자 협력 방식, 서비스 전달 방식 등에 급격한 변화가 필요했다.

환경변화의 영향 범위와 강도가 어느 정도이냐에 따라 다르겠으나 예상하지 못한 변화의 발생 가능성은 항상 존재한다. 이러한 변화 혹은 위기가 발생했을 때 신속하게 대응할 수 있는 리스크관리체계를 갖추고 있는 경우에는 그렇지 못한 경우에 비해 성과달성의 가능성이 높아진다. 또한 변화에 대응하는 과정에서 조직 내 발생하는 시행착오나 부수적 피해도 줄일 수 있다.

연말이 되면 연간 추진계획(P)에서 설정한 목표를 얼마나 달성했는지 그 정도를 평가한다. 핵심성과지표의 당해연도 목표수준을 초과 달성하거나 미달한 정도를 객관적으로 측정하고 이에 대해 자체적으로 평가하는 단계이다. 자원배분이 적절했다고 전제하는 경우, 목표를 초과달성했다면 획기적으로 성과를 견인하게 된 유효하고 우수한 개선 노력이 있었다는 것을 뜻한다. 반대로 목표에 미달하였다면 점검체계가 잘 작동했음에도 불구하고 목표를 달성할 수 없었던 숨겨진 원인과 문제가 있음을 의미한다. 그러므로 같은 실수를 반복하지 않고 지속적으로 성장하기 위해 성과평가 단계에서 초과성과 달성의 원동력과 성과부진의 내재된 원인을 명확하게 파악해야 한다.

Act(환류)는 향후 개선 계획과 연계되도록 작성하라

Check(평가) 단계를 거치면서 목표의 초과달성 성과의 원동력이 되었던 업무추진 방식이나 새로이 습득한 지식이나 방법론 등이 있다면 이를 조직 내에 공유하고 확산한다. 한편 목표치에 미달한 경우에는 성과를 달성할 수 없었던 원인을 규명하고, 문제를 개선하기 위한 대책을 수립하며, 향후 유사한 사례로 재발할 가능성을 검토하여 재발방지 대책을 마련한다.

이러한 개선 대책과 재발방지 계획은 반드시 차년도의 추진계획(P)에 반영하여 같은 문제가 반복되지 않도록 예방한다. 대표적인 환류의 내용으로는 목표를 달성하기는 하였으나 업무추진 과정에서 자원을 추가로 투입하였다거나 다량의 민원을 발생시키는 등 스스로의 기대수준에 못 미치는 업무처리 수준을 들 수 있다. 자체평가의 결과이므로 목표를 달성했어도 과정상의 미흡한 점을 개선하는 방안을 모색하여 차년도 계획에 반영하는 것이다. 스스로 부족했다고 생각하는 내용을 분석하고 피드백하는 과정을 통해 같은 문제를 반복하지 않게 된다.

PDCA 사이클은 지속가능한 발전을 위한 DNA와 같다

PDCA 사이클은 순환 사이클이다. 1년을 주기로 한 PDCA 관리체계는 성과평가로 종료되는 것이 아니라 차년도 계획으로 연결되어야 의미가 있다. 올해의 PDCA는 전년도의 Act(조치)가 올해의 Plan(계획)에 반영된 사이클이다. Act(환류) 단계가 존재함으로 인해서 PDCA는 과거와 현재, 그리고 미래를 하나로 연결한다.

지속적으로 발전하기 위해서는 PDCA 사이글에 의한 업무추진체계가 내재화되어야 한다. 개인의 PDCA 사이클에 의한 업무추진 노하우가 조직 내 제도와 업무표준으로 정착되어 내재화되고, 급작스러운 변화 상황에서 체계적으로 대응할 수 있는 조직역량을 갖추어야 한다.

기관 내부의 PDCA 사이클 중에서 가장 긴 경우는 중장기 전략이다. 기본적으로 5년의 기간에 대한 계획으로 존재하며, 경우에 따라 10년 이상의 초장기 전략을 수립하는 기관도 있다. 그러나 공공기관이라면 공통으로 5년간의 중기 경영목표를 설정하므로 대부분 5년 단위의 중기 PDCA를 토대로 1년 단위의 연간 업무계획을 수립한다.

경영실적보고서는 전년 대비 개선성과를 매년 평가하므로 1년 단위의 계획에 따른 이행노력과 성과가 설명의 대상이다. 그러나 PDCA를 고려한다면 기관의 중기 경영목표를 이행하기 위한 과정 속에서 1년의 개선노력이 지니는 의미를 설명해야 한다. 즉, 전년 대비 당해연도의 개선과 당해연도의 사업추진 결과의 차년도 반영계획에 대한 내용을 설명하고, 당해연도의 노력과 성과는 전년도 성과(A)와 차년도 계획(P)과 연계되어야만 지속발전을 위한 메커니즘으로써 온전히 기능할 수 있다.

PDCA 메커니즘을 통한 체계적 개선

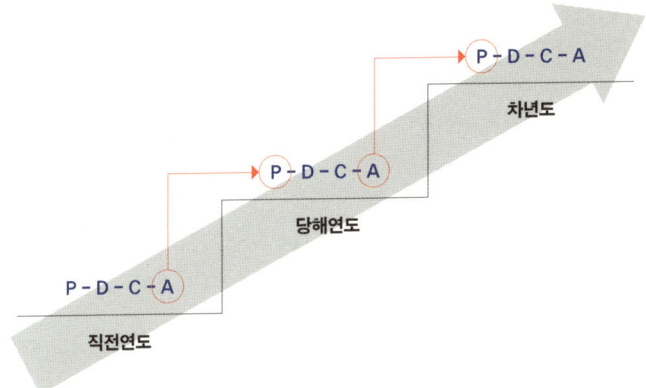

적정한 노력과
적합한 성과를 통해
논리적으로 설득하라

변화의 의미와 수준에 대한 해석

외부 요구에 따른 수동적 대응보다 자발적인 개선이 중요하다

실적보고서를 통해 전달해야 하는 '실적'이란 개선을 위한 사업 혹은 업무수행 방식 등의 개선노력과 이를 통해 창출한 적정한 성과를 뜻한다. '개선 사항'은 변화를 의미하며 통상 전년 대비 개선으로 설명된다. 변화의 동인은 외부적 요구에 의한 대응적 성격이거나 개선을 위한 기관 내부의 자발적인 접근이다.

사업수행 방식에 변화가 있어서 이것을 실적으로 제시하고 싶다고 가정해 보자. 만약 이러한 변화가 작년까지의 비효율적인 처리방식에 대한 자체평가 과정을 통해 발견된 환류 내용이라면 기관의 '개선노력'을 설명할 수 있다. 그러나 법령 개정이나 공공기관 지침 개정 등과 같은 외부 요인의 변화에 의한 의무 개선 사항이라면 기관의 개선노력으로 인정될 수 있을까?

예를 들어 이해충돌방지법이 2년 전부터 시행되고 있다고 할 때, 이해충돌방지담당관 1명이 지정되어 있다면 법을 준수하고 있다는 실적을 설명할 수 있다. 그러나 2년 전부터 이해충돌방지담당관은 1명이었으므로 전년 대비 개신노력을 설명할 수는 없다.

그렇다면 전직원 대상 이해충돌방지 교육을 의무적으로

실시해야 한다는 법령과 관련한 실적은 어떨까? 전년 대비 교육인원수가 30명 증가하였을 수는 있으나 전직원이 교육을 100% 이수하였다는 사실이 전년도와 동일하다면 이 또한 전년 대비 개선노력으로 설명하기 어렵다. 그러나 이해충돌방지 교육을 전직원 대상으로 시행할 때, 교육효과를 높이기 위해 실제 사례에 기반한 콘텐츠를 신규로 개발했다면 개선노력으로 볼 수 있다. 그리고 교육의 체감도와 집중도를 높여서 법의 이해도가 향상되었을 경우에도 적절한 개선 노력으로 봐야 한다.

정부 정책을 이행하기 위해 특정 취약계층 대상 지원금을 100억 원 증액하는 경우를 생각해보자. 사업예산의 증액 자체는 정부 의사결정의 결과이므로 전년 대비 지원금 100억 원 확대를 기관의 노력으로 설명하는 것은 역할과 책임을 고려할 때 한계가 있다. 100억 원 이라는 숫자의 규모에 매몰되어 단순히 사업예산이 증가하였다거나 지원금액을 확대하였다고 제시하기보다는 상황의 전후 맥락을 고려하여 실제 기관이 노력을 기울인 내용을 제시해야 한다. 과거 예산편성 과정에서 사업의 중요성과 국민의 관점에서의 체감적 성과 등을 토대로 정부 대상의 적극적 소통을 통해 일몰예정이었던 사업을 연장시키기 위해 정부협의를 실시한 노력, 사업 추진 기관으로서 정부 신뢰를 확보한 노력 등을 예로 들 수 있다. 또한 전년 대비 지원금액을 대폭 확대하여 집행하는 과정에서 대국민 서비스 편의를 위한 혁신적인 개선을 추진한다거나 현장에서의 고객응대를 원활히 하기 위한 시스템 개선 및 직원 교육, 업무량 분배 등 많은 인원의 증가 없이 효율적으로 사업을 추진하기 위해 개선한 사항 등도 마찬가지이다.

한편 외부 요인이 아니라 기관의 자체적인 개선계획에 의한 노력이 이루어진 경우라면 추진 방식이 적절한지 살펴봐야 한다. 만약 체계적인 방식으로 노력하지 않고 단편적이고 관행적인 방식으로 개선했다면 적정성과를 창출했다고 보기가 어렵고 성과의 지속성을 담보하기도 힘들다.

예를 들어 기관의 인지도를 높이기 위해 국민 대상 홍보를 확대하고, 홍보채널로 SNS를 택해 양방향 소통을 하였다고 가정해 보자. 대부분의 기관에서 SNS를 활용하므로 새로운 채널을 확대한다는 개선을 추진하였다는 내용으로는 충분하다고 보기 어렵다.

기관의 인지도를 향상시키기 위해서는 현재 가장 인지도가 낮은 대상자를 파악하고, 해당 대상자들이 가장 선호하고 활발하게 접근하는 채널을 분석하여 소통을 확대하는

적절한 노력과 성과

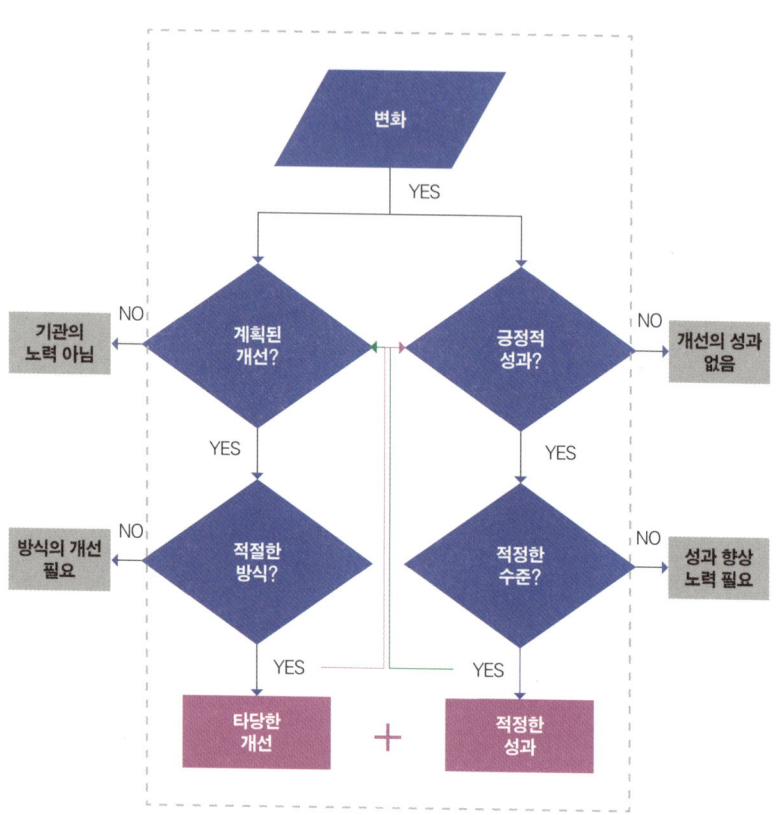

것이 효과적이다. 또한 현재의 홍보채널 운영상 활용도가 저조하거나 미흡한 점이 있는지도 분석하여 종합적으로 판단한 후 개선방안을 마련해야 한다. 그러나 타 기관에서 활용되는 방식이라는 이유만으로 무턱대고 동일하게 업무를 추진한다면, 종합적으로 접근하지 않은 것이다. 따라서 향후 추가적인 개선의 필요성이나 성과를 개선할 수 있는 더 좋은 대안의 존재 가능성도 쉽게 파악하기 어렵다. 이러한 상황이라면 개선을 위한 접근 자체가 적절했다고 결론 내릴 수는 없다.

그러므로 전년 대비 변화가 성과향상을 위한 자발적 의도에 기인하는 경우라면 개선을 위한 계획수립은 체계적으로 이루어질 필요가 있다.

의도치 않은 높은 성과보다 계획에 따른
적합한 성과를 제시해야 한다

- 전년 대비 어느 정도로 성과가 향상되어야 할까?
- 실적이 안 좋을 텐데 목표를 낮추어 설정해도 될까?
- 목표를 초과달성하지 못한다면 노력을 인정받을 수 없을까?

단순히 '좋은 실적=높은 성과'만으로 설명될 수는 없다. 전년도(혹은 과거)에 비해서 올해 달라진 변화 중 문제인식을 바탕으로 이루어진 적정한 개선노력과 그로 인해 나타난 적합한 수준의 성과가 실적으로서 의미를 지닌다.

예를 들어 어떤 사업의 성과가 최근 5년간 평균 110% 정도 상승했었고, 당해연도에는 전년 대비 120% 향상을 목표로 설정했는데, 목표를 200% 초과 달성하는 성과가 나타났다고 가정해 보자. 기관의 목표달성 노력으로 초과성과를 창출했다는 결과를 설명하기 위해서는 단순히 목표수준을 200% 초과하였다는 사실만으로는 부족하다. 과거 추세에만 의존하는 등의 적절하지 않은 목표설정 방법에 문제가 있는 것인지, 목표치를 고려하지 않고 과도하게 자원을 투입하는 사업의 실행체계에 문제가 있는 것인지 등을 동시에 고려해야 한다.

한편 아주 획기적인 성과가 나타났으나 이를 설명할 수 있을 정도의 혁신적인 노력이 이루어지지 않았을 수도 있다. 이러한 경우 획기적인 성과는 기관의 노력에 기인하였다기보다 외부 요인에 의한 영향이거나, 애초에 상당한 노력이 필요하지 않는 수준(즉, 과소목표 설정)으로 판단하는 것이 자연스럽다.

이와 반대로 최근 추세와 당해연도의 추가 자원 투입의 가능성을 고려하여 도전적인 목표를 설정하고 체계적인 계획에 의한 개선을 추진하였음에도 불구하고 긍정적 성과를 얻지 못한 경우도 존재한다. 이러한 경우, 평가관점에서 확인해 볼 몇 가지 사항이 있다.

예를 들어 기관이 수립한 계획이 과연 적절하고 효과적인 방식이었다고 확신할 수 있을지를 파악하기 위해 추진계획 수립의 프로세스와 방식을 점검해 볼 수 있다. 성과를 향상시키기 위한 핵심적인 요소를 집중하기보다 연관성이 부족한 특정 이슈에 과몰입하여 자원을 낭비한 것은 아닌지 사업의 자원배분 적정성도 점검 대상이 된다. 혹은 애초에 연관성이 없는 결과를 성과로 정의했기 때문에 체계직인 노력을 기울여도 성과향상으로는 연결되지 않는 상황인지 파악하기 위해서 성과지표의 선정 과정 및 지표의 성과관리 체계를 들여다 볼 수도 있다. 사업추진 과정이 예상과 달랐음에도 불구하고 적시에 대응하지 못하는 문제가 있는 것은 아닌지 기관의 위험관리 방식과 모니터링 대응체계를 살펴볼 수도 있다.

이러한 점검을 통해 전반적으로 적정 수준에서 성과관리가 이루어졌음에도 불구하고 외생적 변수로 인해 영향을 받은 상황이라면 기관의 사업추진 과정상 급격한 변화 발생 시에 신속하게 대응할 수 있는 리스크관리체계를 차년도에 보완하도록 하면 성과창출 가능성이 향상될 것이다.

개선의 진의眞意를 파악해야
개선점이 명확해진다

개선점을 파악하려면 이면적 의미에 주목해야 한다

실적보고서의 내용 대부분은 전년 대비 개선사항이다. 그러나 개선사항이나 개선실적으로 칭하는 항목들, 즉 개선점들을 체계적으로 전달하기 이전에 우선 개선점 자체를 명확히 파악할 필요가 있다.

개선점은 전년도와 당해연도를 비교했을 때 사업이나 업무의 성과 향상에 기여하는 방향으로 변화된 요소이다. 그러나 개선점을 파악하는 데 있어서 표면적이고 일차적인 의미에 집중하기보다 변화로 인해 고객의 관점, 국민의 관점, 사업추진 효율성의 관점이나 체계성의 관점, 산업 활성화의 관점 등 성과의 방향성에 기여한 진의, 즉 이면적 의미를 명확하게 파악할 필요가 있다.

흔히 개선점이라고 부르는 일차적 의미의 개선점은 대부분 단순한 활동 자체를 설명하는 반면, 개선에 내재된 이면적 의미의 개선점은 업무의 방향성과 최종성과에 초점을 두고 있다.

표면적 의미 vs 개선의 진의

업무 유형	표면적 의미를 전달	개선의 진의를 전달
건설	건설규모, 총사업비, 건설기간, 설계 기본계획 수립, 사업타당성 용역 시행, 인허가 진행, 건설현장 관리, 공정률 등	사용자 중심 설계, 친환경 설계, 환경영향 최소화 노력, 건설원가 절감, 시공품질 관리, 건설현장 안전관리 및 환경관리, 사업공정성 및 투명성 확보, 인허가 지연 요소 해결, 엔지니어링 기술수준, 혁신 기술 접목 등
운영	시설개선, 시설 / 장비관리, 고장 / 중단 최소화, 시설물 안전관리, 유지보수, 법정검사, 이용자수, 입주현황, 매출액(시설운영 성과), 운영자원, 이용자 만족도 등	고장 / 중단 감소(율), 예방적 점검, 유지보수 업무 체계화, 인력운영 개선, 시설물 안전성 수준, 현장 노하우 축적, 현장(이용자) 불편 최소화, 고객만족도 향상 및 피드백, 서비스 품질개선 등
연구	연구과제의 제목과 내용, 수행한 연구 과제의 개수, 국내외 학회 참석, 국제 교류활동, 학회지 게재 및 발표 등	연구인력의 전문성, 연구주제의 적정성, 수요자 중심 연구, 산업발전 연계, 업무 현장의 변화 반영, 연구결과의 활용도, 연구결과의 우수성, 체계적 과제 관리 등
검사	검사 건수 / 업체 수 / 인원수, 합격 / 불합격 건수, 검사 장비 구입 등	검사 정확도 향상, 검사 신뢰성 확보, 고객 편의성 개선, 검사자 전문성, 검사 장비 활용도, 효율적 검사 프로세스, 스마트 장비 도입, 국제표준 적용, 검사결과 데이터 활용 등

인증	인증 건수, 인증 종류, 신청자 수, 인증서 발급 건수, 인증 지원 등	산업의 인증수요 대응, 인증의 신뢰성, 인증의 실효성, 인증 분야 확대, 해외 인증 국내 지원, 신청기업 편의성 제고, 국내외 시장진출 지원, 인증체계의 개선 등
교육	교육과정 수, 과정별 교육인원수, 신규 교육과정 개발, 교육 차수, 만족도 조사 실시, 수료율, 기자재 구입 등	교육품질 제고, 교육생 편의 제고, 교육 체계성, 교육생 요구사항 피드백, 강사 전문성, 교육운영 수준 향상, 실습장비 활용, 교수방법의 효과성 등
정보	데이터 수집, DB구축, ISP수립, 프로그램 개발, UI / UX변경, 모델개발, 서버증설, 개발언어 변경, 보안 시스템 업그레이드 등	시스템 안정성, 정보 신뢰성, 데이터 연계성, 정보화 우선순위, 현장 업무 활용도, 업무효율성 개선, 원스톱 서비스, 서비스 범위 확대, 시스템 접근성, 사용자 이용 편의성, 사용자 요구 대응 개선 등
진흥	지원 업체 수, 지원 금액, 지원 분야, 지원 기간, 지원요건, 업체 선정 절차, 지원 업체의 성과 등	지원 분야의 적정성, 지원 성과, 업체의 신청 / 이용 편의성, 지원대상 선정 기준 적정성, 사업의 공정성 및 투명성, 현장 중심 지원, 지원대상 의견 반영, 지원 서비스 개선, 산업 활성화 기여 등
홍보	TV, 라디오, 지하철, SNS 등 매체 확대, 홍보비, 홍보 횟수, 대면홍보 인원, 캠페인 내용, 대학생 기자단 운영, 구독자 수, 방문자 수, 조회 수 등	홍보 타겟설정, 효율적 채널전략, 대상자 인지도, 대상자별 차별화 전략, 선호 채널 활성화, 홍보비용 효율화, 메시지 일관성, 국민 참여, 홍보성과 분석 / 피드백 등

1초 만에 전달되는 간결하고 명확한 핵심성과를 타이틀로 작성하라

잘 작성된 보고서의 경우, 기관이 강조하고자 하는 핵심메시지는 타이틀을 통해 쉽게 파악할 수 있다. 타이틀만 읽어도 전달하고자 하는 내용과 명확한 성과가 파악된다. 실적보고서의 타이틀은 설명하고자 하는 내용을 요약해서 제시하거나 획기적인 성과를 강조하는 형태, 혹은 호기심을 자극하는 감성적 표현으로 작성할 수 있을 것이다. 그러나 어떤 방식이든 타이틀은 보고서를 통해 강조하고 싶은 핵심메시지에 해당한다.

스토리텔링 형태로 보고서를 작성하기 위해서는 전달하고자 하는 핵심메시지가 무엇인지를 분명하게 할 필요가 있다. 메시지의 방향성에 따라서 이야기의 시작점과 전개 방향이 달라지기 때문이다. 이때 개선점의 표면적 의미에 매몰되어 구구절절 무엇을 했는지를 전달하기보다 개선의 이면적 의미에 해당하는 성과의 관점에서의 핵심메시지를 전달할 필요가 있다.

사실(fact)보다 의미(meaning)에 초점을 맞추고 해당 사업이나 업무의 방향성에 기여하는 핵심성과를 설명할 수 있는 대표적인 개선점을 제시할 수 있도록 진의를 명확히 할 필요가 있다. 간결하고 명확한 핵심메시지를 타이틀에 작성하고 본문은 핵심메시지를 구체적으로 뒷받침하는 이야기의 흐름과 객관적 사실 정보들을 제시함으로써 설득력 있는 보고서를 작성할 수 있다.

우수한 실적은
차별화가
필수적이다

용감하게 먼저 추진하거나
상대적으로 정교하고 체계적이거나

차별화의 원천은 속도와 깊이의 차이에서 비롯된다

공공기관은 국가의 정책에 동참하거나 정책을 이행하기 위해 국정과제 혹은 주무부처의 정책과 연계하여 기관을 운영하고 사업을 추진한다. 정부차원에서의 종합계획이나 시책, 지침 등의 형태로 구체적인 가이드라인이 전달되어 요구사항이 명확한 경우에는 기관들의 실행력도 높아진다. 그러나 모든 내용이 명시적으로 전달되는 것은 아니며 명시적으로 이행을 강제하지 않는 경우도 있다.

정책이행을 위한 요구사항은 경영평가지표 및 세부평가 내용에 명시되어 있는 경우도 있고, 명확하게 적시되지는 않았지만 다양한 채널을 통해 동참을 촉구하거나 이행 우수사례를 선정하는 등의 형태로 메시지가 전달되는 경우도 있기에 이행의 필요성과 중요성을 기관이 스스로 간파해야 하는 경우도 있다. 한편 평가편람을 통해 정부의 요구사항을 이행할 필요가 있다는 사실을 알고는 있으나 기관의 사업특징이나 추진 여건을 고려할 때 명시된 실적을 제시하기 곤란한 경우도 존재한다. 예를 들어 직무급을 도입해야 한다는 사실은 인지하고 있으나 보수체계 개편에 대한 노사합의가 진행되지 않았을 수도 있다. 이러한 상황에서 보수 및 복리후생지표에 임금피크제와 직무급 관련 내용이 평가편람에 신규 반영되는 경우, 기관별로 추진노력의 방식과 속도에 차이가 있을 뿐 이행해야 하는 내용이 무엇인지는 명확하게 파악된다. 한편 요구사항이 명확히 드러나지 않는 지표도 존재한다. 이사회 활성화를 위한 노력 등과 같이 평가편람의 변화가 거의 없는 지표의 경우에는 여러 정책과 관련된 이사회의 기능과 역할의 개선 방향을 기관 스스로 설정하고 관리해야 한다.

공공기관의 경우 민간기업과 달리 실적의 차별화에 제약사항이 존재한다. 기관의 운영에 관련해서는 「공공기관의 운영에 관한 법률」에 의해 유사하게 운영되므로 큰 틀에서는 기관 운영을 위한 제도적 측면의 차별성이 나타나기 어렵다. 차별화를 위한 노력은 공공기관이 준수해야 하는 정부지침 범위로 한정된다. 한편 기관이 수행하는 사업 측면에서는 타 기관과 차별화된 국민서비스 성과를 창출할 수 있겠으나 기관이 수행하는 고유목적사업의 차별성은 설립 당시부터 본원적이며, 기관의 노력에 의한 산물은 아니다. 물론 에너지공기업인 발전사 혹은 항만공사 등은 유사한 사업을 추진하면서 각기 집중하는 부문이 다르거나 지역이 다르다는 특수성이 있다. 그러나 이러한 경우를 제외하면 각 기관들은 모두 고유목적 사업을 위해 설립되었으므로 사업 자체로 차별화를 주장하기는 어렵다. 유일한 사업을 추진한다는 사업 자체의 차별성은 법령상 기관의 설립목적에 따른 역할을 수행한 노력일 뿐, 주체적인 의지에 의한 노력이라고 주장하는 데는 한계가 있다. 상황이 이렇다 보니 대부분의 주요사업 실적은 주무부처 추진계획의 이행노력이고 경영관리 실적은 편람과 주요정책의 이행실적이라는 사실을 부인하기가 어렵다.

차별화된 성과에 대해 고민한다면 공통으로 이행하는 정부정책의 경우에는 정책에서 제시하는 사항만을 이행하는 소극적인 접근을 지양해야 한다. 여러 정책의 본래 목적 및 취지, 내용 등을 명확하게 이해하고 현재 기관 내에서 운영하는 사업이나 업무와 연관 지어 개선할 수 있는 여지가 있는지 파악할 필요가 있다. 속도와 깊이에 차이가 있을 뿐 이행지시에 의한 실적은 모든 기관에 공통으로 존재한다. 그러므로 도입여부 자체만으로 차별성을 판단하기는 곤란하다. 도입의 과정에서 자발적인 동기나 문제의식 없이 개선지시를 받은 후에 이를 단순히 이행하기보다 기관 내의 다른 제도들과 연계한 운영방안이나 구성원의 수용도 확보방안, 제도의 취지에 부합하는 추가적인 개선 등을 기관 스스로 능동적으로 이행할 필요가 있다.

차별화된 실적은 보통 보고서에 우수성과(BP: Best Practice)로 표현되는데 기관 본연의 역할에 따른 핵심적 성과를 대표한다. 기관의 역할과 노력으로 국가의 중요정책에 기여하였거나 기관의 중장기 전략이나 실적에 이바지한 경우 BP로서의 요건을 충족한 것이다. 중요한 정책의 경우에는 많은 공공기관이 이행하도록 하고 우수기관이나 우수사례를 선정해서 타 기관에 확산하고 국민을 상대로 우수한 성과를 홍보하기도 한다. BP는 보기 드문 획기적인 성과를 제외하고 성과 자체만으로 1위에 선정되는 경우는 드물다. 우수한 수준의 성과는 BP의 기본 요건에 해당하며 문제해결 과정 등 추진 과정상의 노력, 기관의 특성을 반영한 차별화 노력, 타 기관에 전파 및 확산 가능성 등의 추가적인 요건을 갖추어야 BP로서 의미가 있다. 실적을 이행한 사실 자체보다 추진과정에서의 문제해결 방식이나 예상가능한 문제의 사전예방, 갈등해결이나 주요 쟁점사안에 대한 합의, 동참유도, 의견수렴 등의 노력이 BP임을 설명해주는 차별화된 추진 노력에 해당한다.

실적이 비슷할 때는 정교화에서 차별성을 발견할 수 있다

경영관리 부문에는 다양한 지표들이 존재하며 기관들의 실적은 대부분 비슷하다. 법적 제약, 의사결정이나 집행과정상 자율성의 한계, 자원의 한계와 갑작스러운 변동성 등 한정된 상황에서 획기적인 변화는 제한적일 수밖에 없다. 그러므로 정책 요구사항으로 인해 매년 개선되는 실적 또한, 비슷하다. 중기 경영목표 수립, 이사회 운영, 조직개편이나 인력운영계획 수립, 승진, 채용, 교육 등 모든 조직이 갖는 기능은 '도입여부'의 관점에서는 거의 차별화되지 않는다.

그러나 대부분 비슷하게 운영하는 제도에도 기능의 분화, 정교화 수준에는 기관마다 분명한 차이가 있다. 예를 들어 매년 신규 인력을 채용하는 행위는 일반화되어 있으나 신규 인력의 채용 규모를 산정하고 사회형평 채용 등을 고려하여 채용계획을 수립하고, 전년도 지원자들의 채용 절차에 대한 의견을 반영하는 피드백 체계, 합격자 관리 등은 매년 조금씩 달라질 수 있으며 기관마다 운영수준도 다르다. 다시 말해, 통상적으로 수행하는 업무들도 매년 더욱 정교화되고 객관화될 수 있다. 여러 기관에 일반화된 실적은 정교화(체계화나 객관화 등)를 위한 노력이 차별화의 원천이

되며, 차별적인 개선을 위해 고려해야 하는 기본사항은 바로 PDCA 메커니즘이다. 적절하고 타당한 계획 수립과 계획대로의 원활한 이행을 위한 노력, 계획된 목표를 달성하기 위한 실행 과정의 모니터링과 적절한 피드백, 성과측정 등 PDCA 사이클에 의해 체계적인 개선을 추진하고 지속적이고 단계적으로 발전하면서 한층 정교해진다. 모든 기관에 존재하는 보편적인 제도일지라도 기관의 특성에 따라 장기간에 걸쳐 체계적으로 발전되는 제도에는 기관만의 장점과 역량이 응축된 차별성이 내재되어 있다.

공감을 얻기 위해서는
스토리텔링 방식으로
작성해야 한다

스토리텔링의 핵심은 사실이 아닌 공감

스토리텔링의 목적은 평가자의 마음을 움직이는 것이다

스토리텔링(storytelling)은 스토리(story, 이야기)와 텔링(telling, 말하기)을 결합한 것으로, 내용을 이야기 형태로 전달하는 것을 뜻한다. 이야기는 문자가 발명되기 전부터 존재한 인간의 가장 오래된 소통 수단이다. 각종 소통 수단이 넘쳐나는 지금도 사람들은 마음을 움직이는 감동적인 이야기에 열광한다. 연중에 추진한 모든 활동을 사업별 혹은 업무별로 시간 순서에 따라 열거한 내용은 흥미롭지 않다. 단순히 정보를 나열하는 방식으로는 중요한 내용을 강조하기 어렵고 성과가 창출되는 과정에서의 문제해결 노력이나 장애요인을 극복한 노력 등 맥락을 알기 쉽게 전달하기도 힘들다. 일정한 규칙성 없이 산발적으로 제시되는 복잡한 내용을 제3자가 한 번에 명확히 이해하기는 거의 불가능하다. 그러나 등장하는 내용을 특정한 흐름의 이야기로 전달하면 듣는 사람이 쉽게 관심을 갖게 된다. 그리고 무엇보다 이해하기가 쉽다.

실적을 단순히 나열하기보다 스토리텔링을 통해 전달함으로써 내용의 전달력이 향상되고, 읽는 사람의 공감을 끌어낼 가능성도 높아진다. 보고서를 읽는 사람이 외부인이고, 설명하고자 하는 사업이나 업무내용 뿐만 아니라 기관의 내부사정 및 특성 등에 대한 사전지식이 충분하지 않다는 점까지 고려한다면 사실 전달에 집중한 보고서는 소통의 목적을 달성하기 어렵다. 핵심메시지를 토대로 문제해결을 통한 성과창출의 노력 등을 스토리텔링을 통해 소통할 때 기관이 전달하고자 하는 메시지에 공감할 가능성이 커진다. 그러므로 개선을 위한 노력에 해당하는 사실정보를 나열하기보다 개선을 위한 의지와 노력, 성과에 대한 주장과 설득의 메시지가 담겨야 한다.

예를 들어 유연근무제의 활성화 노력과 성과에 대한 실적을 작성하는 상황을 가정해 보자. 어떤 기관은 유연근무제의 이용수준이 낮아서 전사적 참여를 확대하고, 어떤 기관은 새로운 근무형태를 도입하는 등으로 노력해 왔다. 한편 어떤 기관은 대규모 국민지원사업의 추진으로 전년 대비 유연근무 이용실적이 감소하였고, 어떤 기관은 이용활성화 노력에도 불구하고 전년도 이용인원과 비슷한 결과가 나타났다. 단순히 사실만을 나열하자면 시간순서대로 직원 대상 설명회 회수와 참석인원, 홍보글 게시횟수와 내용 등의 세부적인 활동이 작성되겠지만 이러한 사실만으로는 개선노력이 효과적이었는지를 판단하기 어렵다. 더욱이 전년 대비 실적이 감소한 기관의 경우, 표면적으로는 전년 대비 성과가 감소한 상황이다. 그러나 사실의 나열이 아닌 제도를 취지에 부합하도록 적정하게 운영하기 위한 기관의 노력에 주목한다면 내부상황에 대한 이해를 바탕으로 제도 활성화 노력이 어떻게 이루어졌는지를 제시하는 것이 적절한 설명방법이다.

연중에 업무를 수행하는 과정에서의 많은 사실을 개별적인 활동 자체에 의미를 두고 설명하는 것은 보고서 작성의 목적을 고려할 때 적절하지 않다. 일련의 업무를 추진하는 과정 자체도 전년 대비 효율성 등의 관점에서 개선되었는지, 계획대로 업무를 추진함으로써 성과가 개선되었는지에 대해서 작성해야 한다. 전년 대비 성과를 개선하기 위해 노력했던 일련의 행동과 사건 자체를 단순히 기록하는 것이 아니라 그러한 활동을 통해 실질적으로 사업추진의 관점, 국민의 관점, 고객의 관점, 산업의 관점, 국가의 관점 등으로 볼 때 개선된 성과가 무엇인지를 작성해야 한다.

사실 정보만 고려한다면 연중에 계획을 수립한 노력은 실현된 가시적인 성과가 존재하지 않으므로 실적으로써 미흡하다고 생각될 수 있다. 통상 PDCA 사이클에 따라 계획을 수립한 후, 이를 이행하고 연말에 성과가 나타나야 실적보고서에 작성할 수 있다. 그러나 기관에서 실제로 일 년 내

내 계획수립을 하느라 고생했다면 '계획 수립' 사실 자체보다 계획수립의 과정과 그 의미에 대해서 해석할 필요가 있다. 사업여건에 부합하는 계획의 현실성, 계획의 구체성, 계획의 적정성이나 완성도 등이 실제 주장해야 하는 기관의 노력에 해당하기도 한다. 과거 계획수립 당시보다 발전된 방식이 적용되었는가? 고객의 참여나 산업의 요구 반영, 글로벌 벤치마킹을 통한 우수한 기술의 적용 등 과거에 비해 계획수립의 과정이 한층 완성도 있게 추진되었는가? 이전의 계획은 목표달성의 개념이 없고 단선적인 계획이었는데, 이번에 수립한 계획은 장기적 관점에서 목표를 설정하고, 이를 달성하기 위해 연도별 달성 목표를 설정하여 체계성을 확보하였는가? 목표달성을 위한 핵심성공요인들을 명확히 규명하고 이를 관리하기 위한 성과관리체계도 도입하였는가? 무엇이든 올해 시간과 비용을 들여 개선하기 위해 노력하였고, 고생스럽게 업무를 수행한 것이 지표적 관점에서 의미 있는 노력이라면, 해당 사실 자체를 보여주기보다 어떤 노력과 성과를 주장하고자 하는지 스토리텔링의 핵심메시지를 정하는 것이 우선이다.

지표의 요구사항을 이행하기 위해, 전년 대비 자발적인 개선을 위해, 목표성과를 창출하기 위해 기울인 노력 등을 작성하고자 한다면, 구성원들의 수용성을 확보하기 위해 노력한 활동이나 전사적 참여 확대가 이루어진 내용, 국민의 공공서비스 이용편의성을 개선하기 위한 현장의 변화 등이 보고서에 담겨야 한다. 그러므로 연중에 했던 일들을 순서대로 작성해 가거나 투입한 노력을 총망라해서 나열하기보다 어떤 방향에서의 개선인지, 어떤 문제가 해결되었는지, 어떤 성과가 창출되었는지 등 기관이 전달하고자 하는 주장과 메시지가 전달될 수 있도록 작성한다.

스토리텔링의 기본구조(추진배경-추진실적-추진성과)를 고려해야 한다

어려서부터 들어온 수많은 동화와 어른이 되어서 접한 수많은 영화를 떠올려 보자. 고난 없는 환경에서 유복한 유년시절을 거쳐 안정적으로 성장한 주인공이 사회에서 덕망을 쌓고 성공하며 장수하다가 생을 마감한다는 내용의 작품은 기억이 나지 않을 것이다. 우리가 기억하고 환호하는 이야기에는 위기와 고난을 극복하는 주인공이 등장하고, 도저히 극복할 수 없을 것 같은 강력한 절대 악이 존재하며, 예상치 못한 고난에 파멸하다가 결국 위기를 극복하고 삶의 균형을 찾는 결말로 끝난다. 안타깝게도 우리의 업무는 영화 속의 이야기처럼 매혹적이거나 역동적이지는 않다. 그러나 영화 시나리오 작법에도 활용되는 스토리텔링의 기본구조를 토대로 실적보고서를 구성해 평가자가 끝까지 읽을 수 있을 정도의 흥미를 전달할 수는 있다.

스토리텔링의 기본구조는 불균형한 상태를 원하는 상태로 변화시키기 위한 노력과 성과로 구성된다. 불균형한 상태, 원치 않는 상태, 문제상태, 개선이 필요한 상태를 원하는 수준의 상태로 개선하기 위한 노력이 실적보고서 스토리텔링의 흐름이다. 불균형한 상태는 일종의 '문제 상황'이다. 개선이 필요한 문제를 인지하는 것은 PDCA 사이클에서 문제를 정의하고 인지하는 계획(P) 단계에 해당한다. 불균형한 상태를 개선하기 위한 노력을 추진하는 과정은 사실의 나열이 아니라 문제해결을 위한 노력이나 장애요인을 극복한 노력 등을 통해 평가자가 공감할 수 있는 노력의 메시지를 전달한다. 이러한 추진노력의 결과로 원하는 상태에 도달한 결과는 추진성과로 표현된다. 이때 원하는 상태는 대개 전년 대비 개선된 상태이며, 계획(P) 단계에서 수립한 목표를 달성하거나 우수한 성과를 인정받는 등의 결과로 나타난다.

경영실적의 스토리텔링을 위한 기본구조

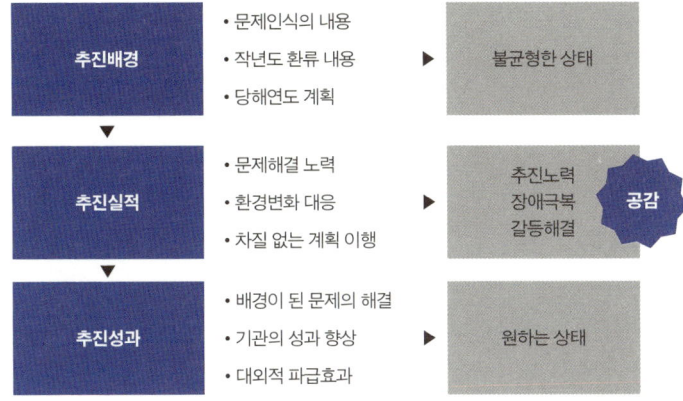

스토리텔링은 추진배경(Why)으로 시작되어야 한다

모든 이야기는 결핍, 즉 문제인식에서부터 출발한다. 실적보고서의 스토리텔링을 작동시키는 출발점이 되는 불균형한 상태는 국민에게 제공하는 공공서비스의 수준을 개선하기 위한 문제인식, 혹은 그러한 수준에 도달하는 데 필요한 경영의 합리화나 운영의 투명성 개선에 대한 문제인식이다. 이야기의 시작은 개선을 추진한 타당한 이유 혹은 근거를 설명하는 것이다. 즉, 실적보고서의 스토리텔링은 개선의 추진배경으로 시작한다.

왜 우리는 이러한 개선을 하게 되었는가? 문제 상항을 객관적으로 파악하고 핵심적인 개선대상을 선정한 일련의 과정, 고객이나 국민의 요구사항을 경청하는 등 개선을 위한 적절한 접근이 이루어졌는지를 전달하는 것이 이야기의 시작이다. 추진배경은 실적보고서에서 추진 필요성, 사업여건, 추진현황 등으로도 작성되는데, 개선노력의 타당성과 필요성, 중요성 등 개선의 전후 맥락과 상황을 이해할 수 있는 내용으로 구성된다. 추진배경은 개선노력을 직접 설명하지는 않지만, 실적의 의미와 전후 맥락을 파악하는데 중요한 단서가 된다.

추진배경은 추진실적이 얼마나 중요한 개선인지에 대한 정보를 전달하므로 기관의 문제 인식을 평가자도 공감할 수 있도록 작성될 필요가 있다. 굳이 말하지 않아도 인지하고 있을 정도로 일반적이고 추상적으로 작성된 추진배경은 보고서에서 제 역할을 하지 못한다. 대부분의 실적보고서에 추진배경이 제시되어 있으나 실적의 타당성이나 중요성, 심각성, 필요성 등을 느낄 수 있도록 작성된 경우는 드물다. 예를 들어, 여성관리자 비율을 향상시키기 위한 노력으로 '전년 대비 기술직렬 여성관리자 2명 증가' 실적을 설명하는 추진배경으로 '양성평등 정책이행에 동참 필요'를 설명하는 경우보다 '기술직렬 내 여성관리자 양성 필요'를 설명하는 경우에서 명확한 문제 인식의 내용을 파악할 수 있다. 또한 문제인식의 내용을 평가자도 공감할 수 있도록 하기 위해서는 문제인식 근거에 대한 구체적인 분석 정보가 제시되는 편이 더욱 효과적이다. 예를 들어 여성관리자 비율은 매년 증가하고 있으나 기술직렬의 여성관리자는 전무해 직렬별 불균형 문제가 발생한다는 내용이 추진배경으로 제시된다면 '전년 대비 기술직렬 여성관리자 2명 증가'의 실적의 타당성과 필요성에 대한 공감 수준이 높아질 것이다. 읽는 사람도 개선의 필요성과 심각성을 느낄 수 있는 문제인식의 내용이 추진배경에 담겨야 한다.

한 해의 성과를 제대로 보여주려면
스토리텔링 속에 어떻게(How) 개선했는지를 담아내야 한다

모든 기관은 긍정적인 성과를 실적보고서에 제시한다. 그러므로 평가자는 해당 성과가 기관의 노력으로 창출된 것인지, 사업환경 변화 때문에 저절로 나타나거나 수월하게 달성된 것은 아닌지 파악할 필요가 있다. 이와 반대로 당해연도 목표에 미달하거나 전년 대비 하락한 성과가 나타난 경우에는 질빙직인 상황을 극복하기 위한 노력이 있있는지, 최악의 경우에 대비하기 위한 노력이 있었는지 혹은 사업환경이 나아질 때까지 기다리면서 현실에 안주한 것은 아닌지 확인해 볼 필요가 있다. 그러므로 어떤 경우이든 결과적으로 드러난 성과만을 보고서에 제시하기보다 성과를 내기까지 과정상의 노력을 설명할 필요가 있다. 성과가 수면 위로 떠오른 정보라면, 문제해결 노력은 쉽게 발견되거나 드러나지 않는 바닥에 가라앉은 정보이다. 성과는 객관적인 형태로 쉽게 파악되는 반면, 개선의 과정과 고민 등 문제해결 노력은 일부러 파악해서 보고서에 담아 두지 않으면 평가자는 알 수 없다. 우리는 왜 이러한 노력을 하게 되었고, 가장 효과적인 개선방법을 찾기 위해 어떻게 노력했으며, 또한 조직의 특성을 고려하여 문제를 해결하기 위해 어떻게 노력했는지 등 '제대로 된 개선노력'이 있었음을 보고서에 제시하고 적극적으로 소통해야 한다.

연중에 업무를 개선하거나 사업을 추진한 활동들은 사실(fact)에 해당하는 정보이기 때문에 읽는 사람마다 다르게 해석할 수 있다. 10명의 국민참여단을 구성해서 공공데이터 이용의 불편사항을 의견수렴했다면, 10명으로 충분한가에 대한 의견은 각기 다를 수 있으며, 의미있는 개선의견을 제시할 수 있는 적정한 참여자들인가에 대한 의견 또한 다를 수 있다. 그러므로 의견수렴 결과를 반영한 실적을 설명한다고 해도 작성자의 의도대로 실적이 온전하게 받아들여지지 않을 가능성이 있다. 그러므로 실적을 작성할 때는 단순히 일어났던 행동과 사건이 아니라 그러한 행동을 왜 하게 되었는지, 그러한 행동으로 무엇이 달라졌는지를 '작성자가 스스로 해석'한 후 작성해야 한다. 즉, 행동이나 사건 자체를 기술하기보다 취지와 목적을 고려해서 작성할 필요가 있다. 물론 타당성을 해석한다고 해서 부적절한 접근이 타당해지는 것은 아니므로 애초에 업무를 추진할 때 PDCA적 관점에서 성과창출을 위한 적절하고 타당한 접근인지를 고려할 필요가 있다.

예를 들어, 실제 개선에 반영된 우수 제안부서에 가점 1점을 부여하는 개선을 했다고 가정하자. 단순한 내용이지만 읽는 사람에게는 다음과 같은 몇 가지 고민이 생긴다.

- 과연 1점으로 현상을 바꿀 수 있을 것인가?
- 가점을 받기 위해 실제로 부서의 제안이 많아졌나?
- 가점을 부여하는 것이 과연 문제해결을 위한 최선의 대안인가?

'가점 1점을 부여하도록 했다'라고 작성하기보다 이러한 개선의 맥락과 진정한 의미에 대해서 해석한 후에 그 해석된 내용을 작성하는 것이 필요하다. 만약, 기관에서 제안의 숫자는 상당히 많지만, 부서별로 의무적으로 하고 있어서 의미 있는 제안이 이루어지지 않는 것에 문제의식을 가지게 되었다면, 실제 개선에 반영될 수 있는 유효한 제안을 유도하는 개선 접근은 타당하다. 게다가 제안활동에 대한 부서평가의 변별력이 부서 간 1점 내외 정도라고 하면 가점 1점 부여는 부서평가에 미치는 영향력이 크므로 적절하게 작동할 수 있을 것으로 기대된다. 이 경우, '가점 1점 부여'가 아니라 '실효성 있는 제안을 위한 동기부여'의 관점이 개선의 진의이다. 따라서 형식적인 제안제도의 문제를 개선하고 실효성 있는 제안을 통해 고객서비스를 향상시키기 위한 동기부여의 관점에서 작성해야 오해 없이 소통할 수 있다.

작성해야 하는 실적과 관련하여 실제 업무 과정에서는 개인적으로 불만족스러운 부분이 있을 수도 있다. 그러나 실적의 의미를 과소평가하거나, 내부문서에 작성된 표면적인 의미를 옮겨적기보다 기관 내에서 지니는 개선의 의미를 다양한 관점에서 해석해 볼 필요가 있다. 제도 전체적인 완성도의 관점, 구성원 수용도의 관점, 부서간 불평등 완화의 관점, 현장의 과도한 부담 해소의 관점, 국민 편의성의 관점, 업무 능률의 관점 등 하나의 실적을 입체적으로 해석하다 보면 노력의 의미가 결코 작지 않다는 것을 발견하게 될 것이다.

추진배경과 추진성과(So what)를 연계해서
불균형한 상태가 개선된 성과를 보여주어야
스토리텔링이 완성된다

어떤 성과를 창출하기 위한 적정한 노력이 이루어졌다면 당초 개선하려고 했던 문제가 개선되고, 현장에서 나타났던 부정적인 문제가 감소될 것이다. 또한 고객과 국민이 겪는 불편과 불만이 줄어들고 서비스 수준이 향상될 것이다. 앞서 계획수립(P)이나 문제인식 단계에서는 도달해야 하는 미래 모습(should be)이나 목표 수준과의 격차를 확인하고 성과향상을 위해 개선이 필요한 문제를 정의하였다. 그러므로 문제로 정의되었던 격차가 줄어들어야 원하는 운영수준에 근접하게 된다. 다시 말해 문제 정의나 개선필요성 인식 등 추진배경(Why)에 제시된 내용과 추진성과(So what)의 내용은 상호 연계되어야 한다.

추진배경이 불분명하면 추진성과 역시 모호할 수밖에 없다. 추진배경에서 개선하고자 하는 현재 상태를 명확하게 파악하지 못하거나, 성과를 측정하기 위한 기본적인 사업관리체계가 갖추어져 있지 않은 경우, 개선노력의 성과기여도를 설명할 수 없거나 추진성과 자체를 객관적으로 파악하고 제시하기 어렵다. 반대로 추진배경에서 설명하는 문제인식 단계에서 개선이 필요한 현재 상태, 문제 발생의 근본 원인 등을 파악하여 구체적으로 접근하면 개선대상이나 문제상태의 완화 등 성과를 창출해야 하는 대상과 목표가 명확해진다. 문제인식이 명확하면 개선노력이 타당해질 가능성이 크고, 추진성과를 확인해야 하는 대상이 명확해지므로 추진성과의 객관성이 높아진다.

한편 추진배경은 사업이나 업무의 개선 방향성을 제시한다. 사업의 방향성이 변하면 문제인식도 변하게 되므로 개선을 위한 접근이 달라진다. 사업추진을 통해 창출해야 하는 성과의 방향성이 바뀌면 사업추진 목표와 성과지표, 사업계획 등도 변화된 방향성에 부합하도록 일괄 변경해야 한다. 사업추진의 방향성과 목표가 바뀌었는데 과거의 방식대로 관성적으로 사업을 추진한다면 실제 업무노력과 추진성과의 방향성이 불일치하게 된다.

  예를 들어, 채권회수 사업의 추진노력과 성과를 설명한다고 가정하자. 일반적인 상황에서는 채권의 회수금액이나 회수율을 증가시키는 회수성과 극대화가 핵심성과로 설정되었을 것이다. 채권회수율을 높이기 위한 다양한 개선을 수행한 결과, 전년 대비 채권회수성과가 130% 향상되었으며 최근 5년 이내 최고수준의 회수성과가 창출되었다면 긍정적인 성과로 판단할 수 있다. 그런데 고물가와 고금리가 지속되는 상황에서 서민생활의 어려움을 균형적으로 고려해야 한다는 정책적 요구가 존재하고, 기관 내부에서도 이에 적극 대응하기로 했다면 사업의 성과창출 방향성은 다르게 설정될 것이다. 채권회수 업무에서 추구해야 하는 균형적 성과를 정의하고 사업계획에 반영하여 취약계층이나 영세기업 등 경제위기 상황에서 더욱 어려움을 겪는 국민에 대해서는 채무상환의 부담을 감소시키는 등으로 노력했을 것이다. 즉 사업추진 방향성이 변화되고, 이로 인해 실제 업무추진 과정도 변화되었다. 그러나 채권회수 사업 방향성의 변화로 인해 당해연도에는 전년도의 70% 정도에 해당하는 채권회수성과가 나타났다면 이것을 성과로 설명할 수 있을까? 에초에 회수성과 극대화를 계속 성과시표로 관

리하는 것이 적절했을까? 이런 질문이 제기될 수밖에 없다. 앞서 설명한 사례에서 과거의 사업추진 방식대로 회수성과가 증가하였다는 성과는 사업추진 방향성이 전환된 당해연도의 성과로서는 방향성이 일치하지 않는다. 이와 반대로 변화된 사업추진의 방향성을 고려하면 경제적 약자의 채무상환 부담을 완화한 성과가 얼핏 타당해 보일 수 있으나, 채권회수 성과가 하락한 결과를 핵심성과로 제시하는 것은 사업 본연의 기능을 고려할 때 상식적으로 이해가 되지 않는다. 다시 말해 경제적 약자의 채무상환 부담 완화를 목적으로 사업 방향성이 전환되었다고 해서 채권회수금액 감소를 사업 목표로 설정하는 것은 무리가 있다. 즉, 채권회수라는 본연의 역할을 망각하고 공공성 실현을 위해 채권회수 업무를 무작정 축소한다는 방향성은 계획의 타당성이나 성과의 적정성 면에서 뒷받침될 수가 없다. 사업에서 추구하는 성과창출을 위해 대상자별 회수대상 금액을 명확히 파악하고 과거 추세를 감안하되 당해연도의 방향성을 고려한 사업추진 방식과 목표설정이 필요하다.

한편 균형성과를 고려하여 경제적 가치와 더불어 공익적 가치의 관점에서 채무자의 인권 보호나 채권회수 민간위탁 업체의 고용 등을 증가시키는 방향성을 사업의 목표나 계획으로 설정하는 것은 사업을 추진하는 과정에서의 부가적 노력에 해당한다. 다시 말해서 사업의 핵심성과 창출을 위한 핵심적인 목표와 계획으로 보기에는 무리가 있다는 뜻이다. 균형적 성과를 창출하기 위한 노력으로 채권회수 과정에서 채무자의 인권을 존중하고, 회수불능 채권을 민간에 위탁해서 경력단절 여성의 일자리 증가라는 성과를 제시하는 것은 본질적인 핵심성과로서는 설득력이 다소 미흡하다. 인권보호 및 청렴한 사업추진, 민간업체 일자리 창출 등의 균형성과 창출 노력을 추진했더니 채권회수율이 높아졌다고 주장하는 것은 추진성과의 기여도 측면에서 설득력이 떨어진다.

추진성과는 노력을 통해 도달해야 하는 목표수준이며, PDCA 사이클에 따라 추진배경에서 인식한 문제가 해소된 객관적 근거로 삼을 수 있다. 그러므로 추진성과의 적절성은 추진배경에 의한 성과창출의 방향성을 통해 확인할 수 있다. 추진배경과 추진성과의 연결고리가 강할수록 설득력이 증가하고 메시지가 명확해진다.

스토리텔링의 여러 유형을 적절하게 활용해야 한다

스토리텔링의 기본구조인 개선 배경, 개선노력과 이를 뒷받침하는 여러 추진활동에 대한 구체적인 정보, 개선된 성과와 현재의 운영수준은 어느 실적에나 공통으로 적용된다. 다만, 어떤 측면이 타 기관 대비 차별적인가, 해당기관에서 강조해서 드러내고자 하는 노력과 성과가 무엇인가에 따라 스토리텔링의 유형은 조금씩 다르게 나타난다.

개선을 추진하게 된 문제인식이나 추진경과 등을 강조해

서 설명할 것인지, 추진노력을 강조할 것인지에 따라 스토리텔링의 무게중심이 달라진다. 예를 들어 합리적으로 문제를 해결하기 위한 접근을 통해 실제 개선성과로 나타난 점을 강조하고자 할 수 있다. 혹은 10년간의 장기 기술개발 로드맵에 의해 당해연도의 추진과제를 이행한 점을 부각시키려 할 수도 있다. 기관의 상황에 따라 다양한 노력이 있겠

문제해결 노력을 통한 성과 개선

핵심메시지	기관의 작성사례
고객 / 국민 / 직원 / 업체의 불편사항 해소	■ 고객 / 국민 / 업체의 직접 참여를 통한 이용편의 / 제도 개선 ■ 인사만족도 하위항목에 대한 장단기 개선방안 마련
문제해결의 우선순위를 고려한 개선	■ 내부청렴도 하위항목 개선을 위한 실태조사 및 전문가 진단, 과제공모 등 집중적 개선노력 추진 ■ 빈도가 높은 문제를 야기하는 핵심원인 개선 추진 ■ 불만비중이 가장 높은 고객 / 업체의 VOC 개선 ■ 고객만족도 수준이 낮고 중요도가 높은 영역 우선 개선
원인분석을 통한 근본적 개선 추진	■ 현장 안전사고 발생의 근본원인 제거를 위한 개선 추진 ■ 업무담당자가 변경될 때마다 반복적으로 발생하는 고객대응 문제의 원인분석 및 장단기 개선방안 마련 ■ 반복적인 분쟁 및 소송 등 문제제기 현황에 대한 원인을 조사하고 예방대책 마련

PDCA 사이클을 통한 체계적 개선

핵심메시지	기관의 작성사례
전년도 성과분석을 통한 개선	■ 전년도 수주실패 요인을 분석하여 보완 추진 및 성과창출 ■ 시범사업 추진결과에 따른 성과분석을 통해 당해연도 체계적인 사업추진 ■ 전년도 성과분석(만족도, 실적 등)을 통한 당해연도 개선과제 도출 및 이행으로 성과 개선 ■ 과거 성공경험의 핵심요인을 적용한 신규사업의 성과창출
중장기 로드맵의 이행	■ 중장기 로드맵에 따른 당해연도 추진과제의 정상적 이행 ■ 로드맵에 따른 당해연도 과제 추진 및 차년도 이후 원활한 사업이행을 위한 준비노력
운영 / 관리체계의 고도화	■ 우수준 벤치마킹 및 적용을 통한 운영수준 향상 ■ 사업추진 전 단계에 걸쳐 사각지대 없는 개선 추진 ■ 전사적인 관점에서 모든 기능을 일관된 방향으로 정렬 ■ 사업이나 제도의 성과측정 및 피드백의 체계화

으나 여러 기관의 다양한 실적에서 발견되는 대표적인 스토리텔링 유형별 작성사례를 아래에 정리해놓았다. 스토리텔링 구성에 참고할 수 있을 것이다.

적극적 성과창출 의지

핵심메시지	기관의 작성사례
급격한 사업여건 변화에 신속대응	■ 건설 중단현장이 급증하여 건설참여자 대상 실태조사 및 의견수렴을 통해 제도개선 및 하도급사 지원방안 마련 ■ 대면접촉 불가상황에서 최단시간 비대면서비스 전환으로 국민서비스 공백 예방 ■ 전쟁 / 무역조치 등으로 인한 수출피해기업 현장 신속지원 ■ 정부의 긴급지원요청에 대한 신속한 대응 및 현장운영
장애요인 / 제약요인 극복	■ 주무부처의 사업에 대한 미온적 태도에 대한 적극적 설득으로 사업비 반영 ■ 법령개정 관련 이해관계자 소통으로 안정적 사업추진을 위한 법적 기반 마련 및 정관 변경 ■ 국민체감성과 및 기관 전문성에 기반한 정부설득을 추진하여 일몰사업 연장
끈기와 인내심으로 성공	■ 오랫동안 반복적으로 실패한 장기 미결사안에 대한 해결방안 마련 ■ 표류 중인 법령 개정안에 대한 전략적 소통으로 국회 본회의 통과
한계극복을 위한 혁신	■ 기존 사업추진 방식의 한계극복을 위해 사업경쟁력을 분석하여 약점 극복을 위한 개선 추진 ■ 성과수준이 임계치에 도달하고 있는 상황에서 혁신을 통한 최고성과 경신 ■ 민간 협업을 통한 지원사업 규모의 한계극복

전년 대비 개선점과
현재 운영수준의 우수성을
균형 있게 작성하라

신뢰할 수 있는 근거와 체감할 수 있는 의미

전년도 실적 대비 개선된 성과를 전달하는 것이 기본이다

  전년 대비 개선노력을 통해 성과수준이 어느 정도 개선되었는지를 소통하는 상황에서 강조해야 하는 성과는 당해연도의 추진성과이다. 그러나 당해연도의 추진성과는 단순히 한 해의 수치가 아니라 전년 대비 향상된 개선성과의 의미로 이해해야 한다. 간혹 실적보고서에 당해연도의 추진노력에 따른 성과를 작성하면서 당해연도의 성과만 작성하는 경우도 있다. 그러나 단년도 성과의 수치만으로는 개선성과의 정도와 의미까지 파악하기는 어렵다. 해당 성과를 파악한 것 자체가 처음이 아니라면 과거의 실적치와 비교하여 설명할 수 있다. 전년 대비 개선성과를 표현할 때에는 전년도의 성과 수치와 올해의 성과 수치를 모두 보여주는 것이 정확한 표현이며 측정한 성과의 수치, 수치의 연간 증가율, 연도 표기가 기본이다.

  선형적으로 증가하는 속성을 가진 성과는 전년 대비로 성과로 표현하는 것이 가장 보편적이고 적절하다. 구성원의 비전인지도, 이사회 참석률, 청렴인지도 및 복리후생 만족도 등이 선형적으로 증가하는 속성의 성과이다. 즉, 100점이나 100%를 달성하기 위해 노력해야 하는 성과들은 증가와 증가폭이 제대로 성과를 보여준다. 마찬가지로 선형적으로 감소하는 속성을 가진 성과 역시 전년 대비 성과로 표현하는 것이 가장 명확하게 성과를 설명할 수 있다. 고객 불만건수, 오류발생횟수 혹은 오류율, 중단건수 혹은 중단률, 지적건수 등은 연속형 변수로 선형적으로 감소하는 하향지표의 성격을 지닌다. 그러므로 감소정도와 감소폭의 전년 대비 성과 비교를 통해 노력의 효과를 설명할 수 있다.

특히 당해연도의 개선성과가 획기적인 경우, 단순히 전년 대비 증가의 의미와 더불어 성과수준의 역사적인 의미를 설명하면 성과향상의 의미를 공감할 가능성이 커진다. 전년 대비 개선 성과를 비교제시하는 것과 더불어 과거 누적된 수치의 패턴 속에서 기관이 전달하고자 하는 당해연도 성과의 의미를 발견하고 이를 적극적으로 전달하여 노력과 성과에 대한 인지와 공감을 끌어낼 필요가 있다.

장단기 목표와 계획을 정상적으로 이행한 성과를 제시하는 것도 좋은 방법이다

어떤 사업이나 업무의 성과는 선형적으로 우상향하거나 우하향하지 않고 매년 특정 목표치를 정해 놓은 경우가 있다. 또한 얼핏 보면 우상향하는 수치로 보이긴 하지만 증가 추세가 일정하지 않고 매년 등락폭이 변하는 경우도 있다. 가령 전년도 지원대상은 1,000명이었으나 올해는 700명이거나 반대로 전년도는 700명인데 올해는 1,000명인 경우를 들 수 있겠다. 또한 전년도 1,000명에서 올해 1,000명으로 전년도와 올해의 성과가 동일할 수도 있다. 이는 주로 정부의 종합계획 등 장기 계획에 의한 연차별 로드맵을 이행하는 사업의 경우와 같이 사업의 목표치가 정책적 의사결정에 따른 경우 이러한 특징을 나타낸다. 한편 청렴도나 안전평가, 동반성장평가 결과와 같이 결과가 점수로도 나타나지만 등급 수준이 중요한 경우에는 매년 등급을 향상시키는 목표를 설정하기보다 2~3년 만에 1등급씩 상향하는 목표를 설정하는 등 몇 년에 걸쳐 목표수준을 동일하게 설정하게 된다.

5개년 로드맵에 의해서 매년의 목표치가 설정되는데, 이러한 로드맵에 따르면 진년도 목표지는 1,000명이고 올해의 목표치는 700명이 설정된 경우, 전년 대비로 성과를 표현한다면 의미가 왜곡된다. 진정한 성과는 전년 대비 300명이 감소한 것이 아니라 연차별 로드맵을 100% 이행하였다는 점이다. 이러한 성격의 실적을 전년 대비로 표현하고자 한다면 수치보다 이행률 자체를 비교하는 것이 바람직하다. 예를 들어 지자체의 해당 분야 예산삭감에도 불구하고 사업추진을 위한 지자체 예산 지속확보 및 조례 개정 등을 100% 이행하였다는 점은 로드맵 이행의 관점에서 의미가 있는 성과로 설명할 수 있다.

한편 종합계획 등에서 목표로 하는 성과를 초과달성하여 3년 뒤의 미래 모습을 내년으로 앞당기는 것도 성과로 내세울 수 있다. 그러므로 장단기 로드맵에 의한 성과는 이행률, 초과달성, 조기달성 등의 형태로도 설명할 수 있다. 그러나 기관의 중장기 경영목표를 제외하고, 기관 자체적으로 설정한 연초 목표를 초과달성한 점을 강조하는 접근은 목표설정의 도전성 등이 전제되지 않으면 성과로서의 설득력이 미흡하다.

집단 내 비교를 통해 상대적 우수성을 제시하는 방법도 유용하다

모든 상대평가에는 경쟁상대가 있다. 비계량지표를 평가하는 과정에서 전년 대비 개선 정도와 더불어 당해연도의 운영수준을 판단한다. 이때 유효한 경쟁 집단 내에서 현재 상대적으로 우수한 수준임을 판단할 수 있는 정보는 현재 운영수준의 상대적 우수성을 함의한다.

현재의 수준을 돋보이게 하기 위한 접근이므로 '누구와 견주어도' 자신이 있음을 보여주기 위해 광범위한 비교대상을 선정하는 것이 좋다. 예를 들어 공공기관 전체, 공기업 혹은 준정부기관, 위탁집행형기관 혹은 연기금 유형 정도는 유효한 비교집단이다. 간혹 국토교통부 산하기관 혹은 보건복지부 산하기관 등 주무부처내 산하기관이 다수인 경우에는 부처 내 비교가 유효할 수도 있다.

간혹 평균 정도의 성과에 '유일'이나 '최초' 등 상징적인 의미를 부여하기 위해 비교대상을 쪼개고 쪼개어 1등이 될 수 있는 비교집단을 만들어내는 경우도 심심치 않게 볼 수 있다. 그러나 이는 결국 설득력이 없는 접근이다. 국토교통부 산하 위탁집행형 기관 등으로 2가지 분류 이상을 적용하면 비교행위 자체가 무의미한 경우가 대부분이다.

또한 집단 내 성과 비교의 기준은 기간 차원에서의 경쟁을 의미하므로 해당 지표를 작성하는 부서의 경쟁상대(즉 조직 내부 경쟁)를 의미하는 것은 아니다. 다시 말해 기관 내부에서 성과 간의 우수성을 비교하는 방법은 적절하지 못하며, 이러한 접근은 내부성과평가에서는 유효하겠으나 기관 간의 우수성을 상대적으로 비교하는 정보로는 부적절하므로 유의해야 한다. 예를 들어, 기관 내 적극행정 우수사례 선정, 기관 BP 경진대회 최우수상 수상 등은 내부평가의 관점에서는 적절할 수 있겠으나, 기관 차원의 경쟁이 이루어지는 정부경영평가에서 우수한 성과로 제시하기에는 호소력이 부족하다.

최초, 최고 등 수사적 표현으로 희소성을 강조할 수도 있다

당해연도의 추진성과는 전년 대비 향상되기도 하였으나, 여태까지 사업을 해오면서 가장 성과가 좋은 해라면 '역대 최고' 혹은 '역대 최초'의 성과를 설명하는 것이 의미가 있다. 그렇다면 점진적으로 매년 성과가 증가하는 사업의 경우, 매년 '역대 최고' 성과를 작성하는 것이 의미가 있을까? 예를 들어 고객만족도가 최근 60점, 68점, 75점, 76점의 상승세로 증가하고 있는 경우, 76점 득점을 역대 최고성과로 표현하는 것이 적절할 것인가에 대한 문제이다. 과거의 수치에 비해서는 높은 성과이므로 여태까지 중에서 가장 높은 점수라는 사실이 틀린 말은 아니다. 하지만 70점 중반대의 소폭 상승 성과 수준과 전년 대비 1점 상승한 성과에 '역대 최고'라는 수식은 공감을 주기는커녕 외려 부담스럽게 느껴질 것이다. 반면 전년도 75점 이후 당해연도 성과가 85점 이상이라면 '역대 최고'의 표현을 쓰는 것이 덜 어색하다. 더불어 전년 대비 10점 이상 큰 폭으로 향상했다는 사실과 혁신적인 서비스 개선 등 개선노력이 '역대 최고' 성과를 뒷받침해 준다면 공감의 가능성이 훨씬 더 커진다.

역대 최고, 설립 이후 최초, 제도 도입 이후 최대규모 등 성과에 상징적 의미를 부여하는 것은 당해연도 성과를 강조하는 효과적인 접근이지만, 돋보이는 성과를 뒷받침하고 설명해 줄 수 있는 근거가 뒷받침되어야 비로소 의미가 있다.

외부로부터 객관적으로 인정받은 우수성을 제시하면 효과적이다

대통령상이나 국무총리상, 장관 표창, 경진대회 수상, 우수기관 인증 등 표창이나 수상, 인증 등의 외부 인정 성과는 계량화된 수치를 제시할 수 없는 경우에 성과의 신뢰성을 보완해 준다. 또한 계량화된 수치가 제시된 경우에는 당해연도 성과의 의미를 더욱 부각시켜 준다. 추진성과는 신뢰할 수 있는 객관적인 근거를 바탕으로 작성하는 것이 원칙이며, 상호 간에 의견차이가 있을 수 있는 해석된 성과는 성과로서의 설득력이 부족하다. 예를 들어 '전년 대비 노사협력지수 8% 향상'의 성과를 제시한다면 협력 측면에서의 성과수준이 개선되었다는 것을 파악할 수 있다(물론 노사협력지수 자체의 적정성과 조사체계 등은 별도로 점검해야 한다). 그러나 '기관 내 협력적 노사문화 정착'이라는 추진성과는 객관적인 근거로 보기 어려우므로 공감을 얻기가 쉽지 않다. 이러한 경우에는 '한국노사협력대상 우수상 수상', '노사문화 우수기업 선정' 등 정부 혹은 해당 분야의 전문기관으로부터 객관적으로 인정받은 우수성을 제시함으로써 성과의 신뢰성을 보완할 수 있다.

또한 공공기관 경진대회에서 수상하거나 정부부처에서

우수사례로 선정되는 경우, 우수사례집에 기관의 사례가 포함되는 경우도 같은 맥락에서 우수성 제시의 근거가 된다. 그러나 이때 중요한 것은 실적을 인정하는 주체의 신뢰성과 인지도인데, 우수성을 객관적으로 인정한 근거가 제시되지 않았거나 인지도가 낮은 주체로부터 인정받은 성과를 제시하는 것은 오히려 역효과를 불러오게 된다. 그러므로 평가 주체의 신뢰도와 인지도에 대해 유의할 필요가 있다.

국민이 체감할 수 있는 성과로 표현되어야 한다

평가체계는 경영관리 부문과 주요사업 부문으로 나뉘어 있다. 그중 주요사업 부문의 추진성과는 계량적인 성과가 명확히 제시되어 있어도 종종 그 의미를 이해할 수가 없다. 기관 내부에서는 소통하는 데에 별 문제가 없을 것이다. 하지만 외부평가자의 입장, 제삼자의 입장, 일반국민의 입장에서는 전혀 그 의미를 짐작하지 못할 수 있다. 이런 경우, 추진성과의 의미를 국민의 관점에서 체감하고 공감할 수 있는 내용으로 재해석함으로써 그 성과에 대한 공감대를 형성할 수 있다.

예를 들어 대형산불 비상대응체계를 통해 12GW 광역정전을 방지하였다는 성과는 기관 입장에서 볼 때는 객관적이고 명확한 성과이다. 하지만 12GW의 심각성을 일반국민의 관점에서 공감하기는 어렵다. 이 경우 서울의 75% 가구에 해당하는 대규모 정전 위기를 방지하였다는 등의 일반국민이 체감할 수 있는 표현으로 표현한다면 성과에 대한 공감 수준이 훨씬 높아진다.

한편, 제설능력 향상 성과를 설명하면서 적설량 2.5cm인 경우 기존 대비 6분을 단축할 수 있다고 한다면, 6분의 시간에 대한 체감도는 그리 크지 않을 것이다. 이 6분에 대해 비행기 활주로와 유도로 등 143,850m^2나 제설할 수 있는 면적이라고 설명을 덧붙이더라도 마찬가지이다. 활주로와 유도로의 면적은 일반국민이 그 규모를 제대로 가늠하기가 어렵기 때문이다. 이 경우 월드컵경기장 20배의 면적이라는 설명을 덧붙이는 것만으로도 일반인이 체감할 수 있는 형태로 성과를 표현할 수 있게 된다.

Part 2
형식

잘 작성된 보고서는
형식과 내용이 조화를 이룬다

형식 없는 내용은 맹목적이며
내용 없는 형식은 공허하다

스토리텔링에서는 양식보다 내용이 우선되어야 한다

 전년 대비 개선점과 강조할 개선노력, 객관적인 추진성과 등 보고서를 통해 전달할 내용이 개조식으로 잘 작성되기만 했다면, 보고서의 시각화 등은 어디까지나 취향의 문제일 뿐이다. 추진배경-실적-성과의 설명구조와 내용이 일목요연하고 간결하게 구조화되어 있다면, 문장으로 작성된 개조식의 보고서로도 강조점을 부각시키면서 명확하게 내용을 전달할 수 있다. 그러므로 도형이나 표를 사용하는 도식화 작업을 하지 않아도 충분히 내용전달이 가능하다. 그러나 보고서의 분량이 100페이지 이상이라면 개조식 형태로 작성된 문자 위주의 보고서보다 많은 정보가 한눈에 들어오도록 도식화된 보고서가 내용을 파악하기에는 더욱 수월하다. 개조식보다 도식화된 형태의 보고서가 정보전달의 속도 측면에서 유용하기 때문이다. 도식화된 형태로 인해서 내용을 읽기도 전에 전체적으로 전달되는 메시지를 시각적으로 파악할 수 있다. 한편 방대한 분량의 보고서를 개조식으로 작성하는 것은 작성자 입장에서도 상당한 노력이 필요하다. 내용에 따라서는 일의 흐름이나 관계 등을 함께 설명해야 하는 경우가 있는데, 이때 개조식으로 설명하는 것은 상당히 비효율적이다. 때로는 말로 설명하는 것보다 그림으로 설명하는 것이 훨씬 더 이해하기 쉽다. 따라서 보고서를 도식화하는 것은 작성자에게도 어느 정도 작성의 부담을 덜어 주는 방법이다.

그러나 도식화는 어디까지나 내용을 더욱 빨리 파악할 수 있도록 도와주는 보조적인 역할을 할 뿐이다. 다이어그램이나 표 자체로 내용이 온전히 설명되지는 않는다. 핵심적인 메시지와 주요 내용을 개조식으로 작성할 수 있을 정도로 정리가 되어야 제대로 된 도식화가 가능하다. 얼핏 보기에 간결하고 마음에 드는 양식을 그대로 활용하는 경우에는 작성하고자 하는 메시지가 왜곡되기도 한다. 도식화는 눈으로 사진을 찍듯이 내용이 인지되므로 도형의 생김새와 구조 자체로 스토리가 전달되며, 내용은 도식화의 틀 안에서 이해된다. 그러므로 다양한 도식화 사례를 참고하는 것은 생각을 확장하고 양식을 새로 작성하는 수고로움을 덜어주는 목적일 뿐이다. 핵심메시지가 잘 전달될 수 있는 구조가 무엇인지를 파악하는 것이 우선이다.

표준양식을 맹목적으로 활용해서는 안 된다

 실적보고서는 한 사람이 작성할 수 없다. 따라서 여러 부서에서 다양한 직무의 작성자가 참여하게 된다. 작성자들의 개인적 성향은 물론이고 본사 혹은 현장 근무 기간, 기안문 작성 경험이나 작성 프로그램을 다루는 숙련도 등도 천차만별이다. 이러한 상황에서 기관의 실적을 정돈되게 전달하기 위해서는 공통의 표준양식을 활용하거나 용어를 통일하는 등 실적보고서의 톤앤매너(tone and manner)의 일관성을 위한 몇 가지 원칙을 정하는 것이 필요하다.

 표준양식은 기본적인 내용을 작성하는 경우 작성자들의 수고로움을 덜어주거나, 평가에 필요한 사항을 놓치지 않고 표현하기 위한 일종의 공통 작성구조이다.

 다음 페이지의 양식은 기관에서 흔히 활용하는 표준양식의 사례이다. 주로 주요사업 부문에서 활용하기 위한 목적으로 왼쪽과 같이 페이지 단위의 보고서 구조를 양식으로 제시하거나, 오른쪽과 같이 작성하는 내용에 따라 선택해서 세부 실적 단위로 활용할 수 있는 양식을 제시한다.

표준양식의 사례: 페이지 단위(좌)와 실적 단위(우)

1.1 제목

가. 추진배경

나. 추진실적

기존	개선

다. 문제해결 및 장애요인 극복 노력

장애요인	극복노력

라. 추진성과

가. 제목

구분	개선노력	개선성과

나. 제목

문제점	개선노력	개선성과

다. 제목

구분	개선노력

▼

추진성과	

각 양식 자체에 문제가 있는 것은 아니나, 장애요인 극복 노력이 없는 실적인데 양식을 채우기 위해 억지로 장애요인이 아닌 내용을 적는다면 읽을수록 의문이 늘어나고 이해하기가 어려울 수밖에 없다. 한편 장애요인은 있으나 이를 극복하기 위한 노력이 전혀 공감할 수 없는 내용이거나 이해하기 어려운 방식으로 해결된 내용을 작성하는 등 표준양식의 의도를 이해하지 못한 채 양식만 채운다면 표준양식을 활용하고자 한 의미가 무색해진다.

유사한 용어들을 일관된 용어로 통일해서 작성하는 경우와 달리 표준양식을 강제하는 것은 자칫 도식화하는 행위 자체에 집중하는 목적전치(轉置)의 위험이 있다. 내용을 전달하기 위해 양식을 활용하는 것이 아니라 표준양식을 채우기에 급급하게 되는 우를 범하는 것이다. 표준양식을 공유하고 제안할 수는 있으나 이는 상향 평준화를 위한 일련의 수단일 뿐이다. 따라서 전달하고자 하는 내용에 적합하지 않다면 실적의 장점을 잘 표현해 줄 수 있는 다른 형태로 도식화해야 한다.

개선점을
그룹핑grouping하는 방식은
항상 유용하다

전체를 몇 가지 핵심으로 설명하는 구조화

상호배제와 전체포괄의 관점에서 개선점을 범주화하라

범주화 방식은 개선점으로 제시하는 핵심내용 간에 상호 인과관계가 거의 없어 각각의 개선내용이 독립적이지만 하나의 추진성과로 연계되는 노력을 설명하고자 할 때 유용하다. 복잡한 스토리텔링이나 인과관계 없이 간략하게 내용을 전달하는 형태이며, 나열된 정보를 구조화함으로써 전달력을 높이는 방식이다. 내용 간에 우선순위가 없으나 가독성의 관점에서는 특히 어필하고자 하는 중요 개선점이 가장 먼저 등장하도록 배치한다.

아래 사례는 성과창출을 위해 핵심적인 4가지 활동을 추진한 노력을 표의 형태로 범주화해서 표현한 보고서이다. 이러한 형태의 경우, 표 안쪽의 각 추진내용에 작성된 세부사항보다 구분란에 작성한 4가지 핵심 개선점에 대한 집중도가 높아진다. 범주화 방식으로 작성하는 보고서의 핵심은 바로 '구분'에 작성하는 그룹핑 내용이다. '구분'에 작성하는 내용은 전달하고자 하는 핵심적인 개선노력이나 개선사항을 나타내는 키워드에 해당한다. 단순히 비슷한 개선사항끼리 분류하기보다 누락과 중복이 없도록 핵심키워드를 제시해야 실적을 체계적이고 완성도 있게 전달할 수 있다.

누락과 중복이 없도록 정보를 구조화하는 것은 논리

적 사고방식을 다룰 때 항상 등장하는 개념으로 MECE 관점으로도 표현된다. MECE(Mutually Exclusive Collectively Exhaustive)란 '상호배제와 전체포괄'을 뜻한다. 이는 구조화한 정보 상호 간에 서로 중복되지 않으며, 정보를 구성하는 전체적인 시야에서는 누락이 없다는 것을 의미한다. 즉, 범주화한다는 의미는 비슷한 정보들끼리 단순히 묶어서 표현하는 것이 아니라 MECE적 관점에서 핵심적인 개선의 키워드를 중심으로 실적을 구성한다는 의미이다.

개선점 범주화: 표 형태

구분	추진내용
습관성 야근 줄이기	■ 정시퇴근제 확대: (기존) 가정의 날 수요일 ▶ (개선) 월~금 ■ 부서장 대상 '퇴근 1시간 전 업무지시 금지' 캠페인 시행
업무 집중도 향상	■ 집중근무시간 제도 도입: 매일 오전 10시~12시 ■ 사내 정례회의 및 간담회 등에 대한 전수 조사: 8개 폐지
연차사용 활성화	■ 가족친화형 휴가 독려: 가족돌봄 휴가, 가족 기념일 휴가 등 ■ 1년 미만 신입사원 대상으로도 당해연도 연차휴가 부여 ▶ 익년도 연차의 선사용 형태로 신입사원의 휴가사용률 저조한 문제 해소
불필요한 업무 줄이기	■ 비효율 직무의 지속적 개선으로 업무효율 제고 - 유사업무 통합, 단순업무 축소, 업무책임 명확화

※ 본 사례는 이해를 돕기 위해 특정 기관의 실적보고서를 각색한 내용이며 사실이 아님

표 형태로 범주화함으로써 개선점이나 핵심키워드를 강조할 수 있으나, 구분과 추진내용으로 작성하는 획일적인 구조로 인해 메시지를 전달하는데 제약이 발생하기도 한다. 만약 각 개선점마다 개선활동과 관련하여 핵심메시지를 강조하고자 한다면, 아래 사례처럼 개선점별로 상단이

표 형태 범주화: 추진내용별 핵심메시지 강조

핵심가치 공유 및 실천 활성화

제도화 (조직 / 인사)	**핵심가치를 반영한 인사제도 재정립** ■ (채용) 직무역량 평가 항목에 핵심가치를 반영 ■ (승진) 승진 평가시 핵심가치 준수정도 평가 ■ (포상) '자랑스런 **인상' 도입: 핵심가치 실천 인정제도
내재화 (교육)	**핵심가치 교육 프로그램 확대** ■ 핵심가치내재화 교육 실시 ■ 핵심가치 기반의 리더십 특별교육(1~2급 저원) ■ 新리더육성프로그램 개발
상시화 (개선활동)	**핵심가치의 공유 및 확산활동의 상시화** ■ CEO 현장경영시 핵심가치 전파 ■ 조직문화 개선 테마로 핵심가치 요소별 개선과제 실행 ■ 핵심가치 포스터 인트라넷 및 사무실, 복도 등 게시
구분	■ 핵심가치 인지도 전년 대비 상승 (92점 → 93.5점) ■ '자랑스런 **인상' 수상자 중 승진대상자 전원 3급 승진

※ 본 사례는 이해를 돕기 위해 특정 기관의 실적보고서를 각색한 내용이며 사실이 아님

핵심가치 공유 및 실천 활성화

제도화 (조직 / 인사)	■ (채용) 직무역량 평가 항목에 핵심가치를 반영 ■ (승진) 승진 평가시 핵심가치 준수정도 평가 ■ (포상) '자랑스런 **인상' 도입: 핵심가치 실천 인정제도
	→ 핵심가치를 반영한 인사제도 재정립
내재화 (교육)	■ 핵심가치내재화 교육 실시 ■ 핵심가치 기반의 리더십 특별교육(1~2급 전원) ■ 新리더육성프로그램 개발
	→ 핵심가치 교육 프로그램 확대
상시화 (개선활동)	■ CEO 현장경영시 핵심가치 전파 ■ 조직문화 개선 테마로 핵심가치 요소별 개선과제 실행 ■ 핵심가치 포스터 인트라넷 및 사무실, 복도 등 게시
	→ 핵심가치 교육 프로그램 확대
구분	■ 핵심가치 인지도 전년 대비 상승 (92점 → 93.5점) ■ '자랑스런 **인상' 수상자 중 승진대상자 전원 3급 승진

※ 본 사례는 이해를 돕기 위해 특정 기관의 실적보고서를 각색한 내용이며 사실이 아님

나 하단부에 핵심메시지를 작성하거나 세부성과를 작성하는 방식 또한 참고할 수 있다.

범주화 형태로 표현된 보고서는 쉽게 도식화 형태로 변형할 수 있다. 표 형태로 설명한 사례의 핵심키워드를 4개의 박스에 배치하는 방식이다. 범주화된 정보를 도식화하면, 표 형태가 박스 형태로 변형되기도 하지만 종합적 성과

를 추가로 표현하거나 시계방향으로 개선키워드를 배치하는 등 추가적인 정보를 가독성 있게 강조할 수 있다.

표 형태 범주화: 2가지 실적을 같은 개선점으로 설명

직원들이 신뢰하고 참여하는 적극행정 지원제도로 개편

개선점	적극행정 사전컨설팅 제도	적극업무 면책제도
신뢰성 강화	**3차 검증으로 결과의 객관성 향상** ■ 주관부서의 컨설팅 의견에 대한 외부 적극행정지원관 추가검증제 실시	**3단계 심의로 신중한 면책 판단** ■ 감사인-면책소위원회(신설)-면책심의회 3단계 판단절차 정립
접근성 확대	**찾아가는 사전컨설팅 제도 운영** ■ 현안/이슈 예상 부서는 직접 방문하여 점검에서 사례 발굴 및 컨설팅 - 20개 사업장 대상 80건 실시	**사례 공유를 통한 면책 양성화** ■ 분기별 정기 수요조사 실시, 주요 면책사례 공유 등을 통해 면책신청 활성화 유도 - 면책검토 건수 7건 → 42건으로 증가
효율성 제고	**자체 역량과 외부 협업의 시너지 창출** ■ 주무부처 및 감사원 컨설팅 협업체계 구축, 장기 미해결 문제 4건 해결	**전담조직과 세부 운영기준 확립** ■ 면책 전담조직 신설 ■ 면책 관련 절차 일원화 및 운영기준 수립

추진 성과
■ 적극행정 지원제도에 대한 구성원 참여 대폭 확대 (142건 → 225건)
■ 적극행정 지원제도의 만족도 전년 대비 29% 증가

※ 본 사례는 이해를 돕기 위해 특정 기관의 실적보고서를 각색한 내용이며 사실이 아님

아래 사례는 앞서 표 형태로 작성된 실적을 2×2 매트릭스 형태로 구조화하여 재작성한 사례이다. 표 형태에서 왼쪽의 구분란에 작성했던 개선점을 각각의 개선영역에 핵심 개선점으로 강조되도록 배치하고 해당하는 내용을 덧붙여 작성하였다. 2×2 매트릭스 형태의 구조화의 경우, 작성 내용에 따라서 가운데 부분에 종합성과를 강조하기도 한다. 이번 경우에는 장시간 근로가 단축되었다는 성과(제목)에 해당하는 1인당 초과근무시간이 절반 수준으로 감소된 성과를 대표성과로 제시하였다.

개선점 범주화: 도형 형태

다양한 근로문화 개선으로 장시간 근로 전년 대비 절반수준 단축

불필요한 업무 줄이기	업무 집중도 향상
- 비효율 직무의 지속적 개선으로 업무 효율 제고 - 유사업무 통합, 단순업무 축소, 업무책임 명확화	- 집중근무시간 제도 도입: 매일 오전 10시~12시 - 사내 정례회의 및 간담회 등에 대한 전수 조사: 8개 폐지

1인당 초과근무시간 2.5시간 → 1.3시간

연차사용 활성화	정시퇴근문화 정착
- 가족친화형 휴가 독려: 가족 돌봄 휴가, 가족 기념일 휴가 등 - 1년 미만 신입사원 대상으로도 당해 연도 연차휴가 부여	- 정시 퇴근제 확대 : (기존) 수요일 → (개선) 월~금 - 부서장 대상 '퇴근 1시간 전 업무지시 금지' 캠페인 시행

이러한 형태의 구조화는 개선노력을 설명하는 각 박스마다 실적을 다른 형태로 설명할 수도 있다. 예를 들어 연차사용 활성화 박스에는 휴가신청 프로세스를 개선한 사항을 흐름으로 도식화해서 표현할 수 있어 작성의 자유도가 높아진다.

개선점에 따라서는 아래 사례처럼 도식화할 수 있다. 직원들의 자발적인 혁신참여 활성화를 위해 학습조직, 제안제도 및 적극행정면책제도의 운영을 개선한 결과 상시제안의 건수가 전년 대비 대폭 증가하였다는 점을 실적으로 내세운 것이다. 이 사례의 경우 강조하고자 하는 메시지는 3가지의 제도이다. 각 제도의 세부적인 전년 대비 개선사항이나 현재 운영사항을 추가로 확인할 수 있도록 작성되었다. 참고로 참여 활성화(제목)의 메시지 방향성에 부합하는 성과로 참여가 전년 대비 확대된 결과만을 제시하였는데, 제안의 실효성이나 실행 연계의 관점 등도 추가로 고려할 수 있다. 예를 들어 상시제안 건수 중 실제 사업에 반영된 비율이 증가한 결과와 더불어 제안의 실효성을 설명하는 추가정보가 제시된다면, 제도의 활성화와 운영의 실효성 측면에서의 성과를 균형있게 설명할 수 있다.

도형 형태의 범주화 사례

자율혁신을 위한 제도개선으로 자발적 혁신참여 활성화

학습조직	제안제도	적극행정면책제도
■ 학습조직 운영부서 지원예산 확대 (80만 원 → 240만 원) ■ 학습조직 활동 우수 부서 포상금 2배 확대 (100만 원 → 200만 원)	■ 상시제안제도 포상금 예산 확대 (70만 원 → 120만 원) ■ 국민체감도가 높은 제안의 경우 1.5배 가점 부여	■ 적극행정면책제도 운영 홍보 ■ 상하반기 전직원 교육 실시 (2회) ■ 적극행정면책 사례집 제작 및 배포

▼

상시제안 참여 건수 전년 대비 대폭 증가 (4건 → 66건)

이해하기 쉬운 보고서는
프로세스를 활용해서
실적을 설명한다

업무흐름의 완결성을 향한 개선

사업의 완성된 프로세스를 보여주면 개선된 의미를 이해하기 쉽다

일련의 절차를 통해 추진되는 업무(사업)의 경우에는 프로세스에 기반한 설명을 시도할 수 있다. 보고서를 프로세스로 표현하는 시각화의 장점은 읽는 사람이 해당 절차에 대한 사전지식이 부족해도 전체의 흐름을 대략적으로 이해할 수 있어서 내용전달이 수월해진다는 것이다. 게다가 해당 업무(사업)에 대해 전체 프로세스에 기반해 개선점을 설명하기 때문에 읽는 사람에게 '전체 프로세스의 관점에서 접근하며 모든 단계를 놓치지 않고 관리한다'라고 하는 암묵적 메시지가 전달되는 시그널 효과가 있다.

프로세스 형태의 기본구조

R&D 발굴	R&D 추진	R&D 실증	판로개척
- R&D 아이디어 발굴 - 사업성 및 기술성 검토 - R&D 역량강화 지원	- R&D 기술 지원(신규) - 외부전문가 자문 지원 - 특허 확보 지원	- 개발품의 실증 지원 - 현장 시범 적용(신규)	- 성능 입증 제품 홍보 - 수출사업 연계(신규)

※ 본 사례는 이해를 돕기 위해 특정 기관의 실적보고서를 각색한 내용이며 사실이 아님

위의 사례는 각 단계별로 당해연도에 추진되는 내용을 제시하고, 특히 당해연도에 신규로 도입한 내용을 표기하여 네 단계 중에서 세 단계에 개선이 있었다는 사실을 전달하고 있다. 보고서상에는 '기존'이나 '개선'의 표현을 사용하지 않았으나 '신규'라는 용어를 통해 새로 추진한 실적을 알아볼 수 있도록 작성하였다. 그러나 기존 실적이라고 하더라도 지원대상이 확대되거나 강화되었을 수도 있다. 따라서 위의 사례처럼 작성하는 경우에는 구체적인 개선사항을 충분히 작성하는 데에 한계가 있을 수 있다.

프로세스 형태로 전개된 기본 양식에 추가적인 변형을 통해 더욱 효과적으로 개선점을 제시할 수도 있다. 먼저 실적을 설명하기에 앞서 추진배경을 통해 당해연도의 개선필요사항 등에 대한 합리적 개선 근거를 제시해 주면 개선노력의 설득력이 보완된다. 아래 사례처럼 실적의 스토리텔링 유형에서 살펴본 여러 경우에서 PDCA에 따른 전년도 피드백을 당해연도에 반영하여 개선을 추진하는 추진배경을 토대로 실적을 설명한다면 당해연도 개선점의 타당성을 증명할 수 있다. 또한 프로세스의 단계별로 추진배경의 방향성과 일관된 개선의 초점이나 의도를 제시하여 개선사항을 설명하는 방법으로도 가독성을 높일 수 있다.

프로세스 형태의 구조화: 개선의 방향성 보완

R&D 전주기 맞춤형 지원으로 기술상용화 견인

전년도 피드백	• [고객간담회] 신기술 적용 개발품의 매출 연계까지 장시간 • [사업성과평가] 테스트베드 제공 대상 사업장 확대 필요

R&D 발굴
사업성 강화를 위한 전문가 자문 지원
- R&D 아이디어 발굴
- 사업성 및 기술성 검토
- R&D 역량강화 지원

R&D 추진
기술이전 및 컨설팅 확대 추진
- R&D 기술지원(신규)
- 외부전문가 자문 지원
- 특허 확보 지원

개발품 실증
테스트베드 적용 사업장 3곳 추가 확대
- 개발품의 실증 지원
- 현장 시범적용(신규)

판로개척
해외사업 추진시 참여기회 확대
- 성능 입증 제품 홍보
- 수출사업 연계(신규)

※ 본 사례는 이해를 돕기 위해 특정 기관의 실적보고서를 각색한 내용이며 사실이 아님

한편 범주화 방식에서 표의 형태를 도식화 방식으로 구조화했던 경우와 마찬가지로 프로세스 형태 역시 도식화 방식으로 변형할 수 있다. 아래 사례는 프로세스 형태로 표

프로세스 형태의 구조화: 도식화

R&D 전주기 맞춤형 지원으로 기술상용화 견인

전년도 피드백	• [고객간담회] 신기술 적용 개발품의 매출 연계까지 장시간 • [사업성과평가] 테스트베드 제공 대상 사업장 확대 필요

사업성 강화를 위한 전문가 자문 지원	기술이전 및 컨설팅 확대 추진
• R&D 아이디어 발굴 • 사업성 및 기술성 검토 • R&D 역량강화 지원	• R&D 기술지원(신규) • 외부전문가 자문 지원 • 특허 확보 지원
역량강화	기술이전
판로개척	실증지원
• 성능 입증 제품 홍보 • 수출사업 연계(신규)	• 개발품의 실증 지원 • 현장 시범적용(신규)
사업성 강화를 위한 전문가 자문 지원	**사업성 강화를 위한 전문가 자문 지원**

※ 본 사례는 이해를 돕기 위해 특정 기관의 실적보고서를 각색한 내용이며 사실이 아님

현된 실적을 2*2 매트릭스 형태로 구조화하여 표현한 것이다. 매트릭스의 중앙 부분을 활용하여 프로세스를 표현하였는데, '역량강화', '기술이전', '실증지원', '판로개척'의 핵심키워드를 시계방향으로 배치하여 해외진출 지원을 위한 프로세스를 파악할 수 있도록 표현하였다. 한편 프로세스 형태의 구조화 방식으로 작성된 내용에 추가적으로 단계별 성과 혹은 전체 프로세스를 추진한 최종성과 등을 추가로

제시한다면 노력과 성과에 대한 설득력이 높아진다.

설명하고자 하는 업무나 사업에 순차적으로 진행되는 흐름이 존재한다면 프로세스 형태로 설명할 수 있다. 아래 사례에서는 중소기업과의 상생협력을 위한 성장단계별 지원 노력 및 성과를 프로세스 형태로 설명했다. 앞서 사례와 같이 R&D 발굴에서부터 제품개발로 연결하여 최종적으로 판로개척을 통한 경제적 성과창출을 지원하는 프로세스, 계약정보 공개에서부터 입찰공고, 제안서평가, 계약대상자 선정 및 기술협상 및 계약사후관리 등 일련의 계약 프로세스의 개선점을 설명할 때 주로 사용한다. 또한 채용공고 단계에서부터 서류전형, 필기전형, 면접전형을 거쳐 입사 후 부서배치까지 신입직원 채용 프로세스의 단계별 개선점을 체계적으로 설명하고자 할 때에도 프로세스 형태의 설명방식이 유용하다.

한편 기업의 성장단계를 프로세스로 설명하는 경우처럼 구성원들의 조직 내 성장단계에 따른 개선내용 또한 이 형태로 설명할 수 있다. 아래 사례는 여성관리자의 양성을 위한 노력과 성과를 설명하는 것이다. 입사 직후 사원부터 본부장까지 조직 내 성장단계에 따라 시기별로 여성인재 확보 및 육성을 위한 추진방향과 중점 추진사항을 설명함으

기업의 성장단계를 프로세스로 설명

| 예비창업가 | 창업후 ~ 3년 | 창업후 3~5년 | 창업후 7년~ |

구분	추진내용
창업 (예비창업가)	• 청년지원사업: 사업분야 청년 창업기회 및 지원금 2억 원 지원 • 소셜벤처: 사회적 경제조직 육성을 위한 자금 및 컨설팅 지원 (총 60개 팀)
도약 (창업후~3년)	• 우수한 기술력을 확보한 기업 대상 기술보증대출 협업 (40억 원, 전년 대비 20% ↑) • 기업 핵심인력의 장기재직을 위한 내일채움공제 지원 (30개 기업, 70명 재직자) • 사업분야 기술개발 지원(25억 원 지원, 17건 과제발굴)
성장 (창업후 3~5년)	• 저리대출을 위한 무이자 예치금 증액(500억, 전년 대비 20% ↑) • 기술혁신 우수기업의 전용 기술홍보 및 판로 플랫폼(43개 기술 입점, 201억 원 매출)
안정 (창업후 7년~)	• 스마트공장 구축업체 대상 저리대출 지원 • 중소기업 직접 생산제품 구매(932억 원, 전년 대비 14% ↑)
추진성과	• 20××년도 지원기업의 성장단계별 맞춤형 프로그램의 효과성 입증 – 기업당 평균 매출액 증가율이 국내 중소기업 평균의 162% 수준 • 20××년도 『공공구매 촉진 혁신조달 경진대회』 국무총리 표창

※ 본 사례는 이해를 돕기 위해 특정 기관의 실적보고서를 각색한 내용이며 사실이 아님

로써 생애주기 단계별 관리방식을 제시한다. 각 단계별 추진방향에 부합하는 실적의 수준이 전년 대비 향상된 객관적인 근거를 제시하고, 최종적으로 여성관리자 비율의 성과 수준을 제시함으로써 적정한 노력과 적절한 성과를 소

개하고 있다. 한편 아래 사례는 당해연도 운영현황만을 설명하는데, 각 성장단계별로 전년 대비 확대되거나 신규로 도입된 제도 등에 대한 개선노력을 전달할 수 있도록 개선한다면 기관의 노력에 대한 이해도가 향상될 것이다.

직급 단계를 성장의 프로세스로 설명

다양한 직무경험과 전문성 확보의 직급별 육성체계로 여성관리자 목표비율 초과 달성

직급	추진방향	중점 추진사항	주요실적
사원 대리	다양한 직무경험	• 입사 2년차 의무전보 실시 (본사-현장 간) • 3급 승진시 3개 직무 이상 경험 유도	본사-본부 간 인력순환 47%↑
과장 차장	전문성 제고 경력단절 예방	• 국내외 학위과정 및 기관파견 선발 • 육아휴직 복직자 100% 희망지 배치	학위과정 및 파견 선발 22%↑
부장 처장	핵심보직 배치	• 기관내 핵심직무 배치 확대로 역량 입증기회 부여 • 승진심사 등 경영의사결정 참여 확대	A등급 이상 직무배치 25%↑
본부장	대표성 부여	• 여성 본부장 임명 등 상임이사 임명 기반 마련 • 인사위원회 등 의결기구 여성 참여 확대	2급 이상 여성간부 45%↑
추진성과		여성관리자 비율 12% 달성 (목표 대비 0.1%p 초과달성, 전년 대비 2%p 향상)	

※ 본 사례는 이해를 돕기 위해 특정 기관의 실적보고서를 각색한 내용이며 사실이 아님

문제해결을 위한 논리적 접근 또한 프로세스로 구조화할 수 있다

일반적으로 문제해결을 위한 접근은 '현상파악-핵심문제정의-대안마련-실행-성과모니터링'의 흐름이나 '현상파악-문제정의-원인분석-대안마련-실행-성과모니터링'의 흐름으로 나뉜다. 이는 6시그마 혹은 TRIZ 등 문제해결 방법론들에서 공통으로 살펴볼 수 있는 구조이다. 그러므로 문제해결을 위한 논리적 접근은 프로세스의 형태로 설명할 수 있으며, 어떤 업무나 사업에도 범용적으로 적용될 수 있는 일반화된 문제해결 프로세스에 해당한다.

먼저 전년도 운영수준을 분석하여 개선대상이 되는 문제를 명확히 정의하는 것은 PDCA 사이클의 첫 단계이다. 문제해결 과정을 설명하기 위한 보고서 역시 문제 인식에서부터 시작된다. 일반적으로 업무현황이나 사업여건을 문제로 작성하는 경우에는 문제점을 명확히 정의해야 한다. 내, 외부의 사업여건을 분석한 사실(Fact)은 그 수치나 현상 자체가 문제이기보다 기관이 원하는 수준이나 방향과 일치하지 않기 때문에 문제가 된다. 예를 들어 '여성관리자 비율 35%'라는 사실이 문제인지를 판단하기는 쉽지 않다. '여성직원 비율 60% 대비 여성관리자 비율 30% 수준'으로 설명하면 문제상황으로 인식될 가능성은 늘어나지만, 이 또한 문제인식이 명확하다고 보기는 어렵다. 현재 상태와 해결하고자 하는 목표수준과의 차이가 불명확하고, 이를 이행하기 위한 당해연도의 목표가 불분명하기 때문에 해결하고자 하는 문제 역시 무엇인지 모호하다.

한편 사실 자체로는 문제가 되지 않거나 평균 이상의 양호한 수준이지만 기관 자체적으로는 문제로 인식하는 상황도 있다. 만약 '당해연도 여성관리자 목표비율 35% 대비 전년도 여성관리자 비율 30% 수준'으로 설명하면 양성평등의 관점에서 양호한 수준이라고 판단할 수 있겠으나 기관 내부적으로는 당해연도에 5% 포인트의 여성관리자를 더 확보해야 한다는 목표를 세웠을 수 있다. 혹은 '여성관리자 비율 30% 목표는 달성되었으나 본부 간 쏠림현상 개선 필요'와 같이 당해연도 개선하고자 하는 부정적 요인 등을 문제로 인식할 수도 있다. 그러므로 목표수준과의 차이나 현재 상황이 기관에게 미치는 (당해연도 개선하고자 하는) 부정적 요인 등 기관이 문제로 인식한 점이 무엇인지를 명확히 할 필요가 있다.

표면적이고 단순한 문제가 아니라면 문제해결을 위해 해당 문제를 발생시키는 원인을 분석해야 한다. 문제발생의 근본원인을 해결하지 않으면 문제해결 노력이 임시방편으로 그칠 가능성이 크다. 결과적으로 문제해결효과가 미미하거나 향후 문제가 재발하기도 한다.

근본원인이 규명되면 이제 원인을 해결하기 위한 개선대안을 마련한다. 최종적으로 선택되어 이행한 '개선대안'은 보고서에 '개선점'으로 표현된다. 개선점은 범주화 방식이나 프로세스 방식을 활용하거나, 개선대상이 프로세스 자체인 경우를 제외하면 통상 범주화 방식으로 쉽게 개선점을 전달할 수 있다. 한편 개선대안을 마련하기 위한 과정에서의 노력을 유의미하게 설명할 수도 있다. 국민이나 지역주민 참여, 전문가 참여, 지원업체 참여나 직원참여 등 개선방안을 마련하는 과정에서 체감적 성과를 창출하기 위해 개선제안 과정의 참여 활성화를 노력으로 제시하기도 한다.

마지막으로 당해연도 문제가 해소된 상태는 추진성과로 제시된다. 앞서 문제로 인식한 상황이 어느 정도 해소되었는지를 작성하게 되는데, 당해연도의 구체적인 목표설정, 개선하고자 하는 부정적 요소의 파악 등 문제인식이 명확할수록 당해연도 추진성과 역시 객관적이고 구체적인 성과로 설명할 수가 있다.

문제해결 형태의 표현

직무와 역량 중심의 인사제도 개선으로 구성원의 수용도 제고

문제점	• 인사제도에 대한 구성원 만족도 62점으로 낮은 수준 • 입사 5년차 미만 직원들의 불만 높음
원인분석	• 전체 인사제도 중 이동 / 배치 관련 불만이 대다수임 – 직급별, 직무별 직원 그룹인터뷰 실시(총 35개 그룹)
필요역량 구체화	• 전 직무 대상 직무수행 필요역량 구체화 추진 – 총 80개 직무 중 15개 직무에 대한 직무기술서 재작성
역량 기반 배치	• 구성원 개인별 역량진단 자료를 배치시 활용 • 인기 직무 Job Posting 도입하여 역량진단 자료 활용
과학적 인사 전환	• 교육, 배치, 승진 등 인사 통합데이터 베이스 구축 추진 • 구성원의 역량에 기반한 적재적소 배치 실현 기반 마련
추진성과	• 인사제도 만족도 전년 대비 5점 향상(62점 → 67점) • 타 항목 대비 배치관련 만족도 큰 폭으로 상승(53점 → 63점)

※ 본 사례는 이해를 돕기 위해 특정 기관의 실적보고서를 각색한 내용이며 사실이 아님

    위의 사례는 인사제도에 대한 구성원의 만족도가 낮다고 하는 문제를 개선하기 위해 직원 대상 그룹인터뷰를 하여 개선을 추진하고 전년 대비 만족도가 향상된 성과를 제시하여 문제 수준이 개선되었음을 제시하는 보고서이다. 문제해결을 위한 원인분석에 상당한 노력을 기울인 점이 인정되고 인사제도 만족도 수준은 여전히 높지 않으나 당해 연도 개선의 효과는 인정할 수 있는 수준으로 개선되었다. 특히 원인분석 과정에서 핵심불만사항으로 파악된 이동 및

배치 관련 만족도가 큰 폭으로 개선되었다는 결과를 통해 당해연도의 개선노력이 적정했음이 확인된다.

아래 사례는 위에서 살펴본 사례와 유사한 문제해결 프로세스 형태로 작성된 보고서이다. 전년도 만족도 조사를

문제해결: 원인분석을 통한 개선

전년도 피드백	근무 만족도 조사결과 분석	• 전년도 조사결과 하위 3대 요소 파악 – 정시퇴근문화, 직장내 분위기, 유연근무제
원인 분석	일가정 양립 장애요인	• 남성의 육아휴직 및 유연근무 활용에 대한 비우호적 문화(54.2%) – 남성직원 육아휴직 신청시 소속부서장 편견
	부작용에 대한 우려	• 유연근무 필요성은 인정(93.2%)하나 부작용 우려 – 업무공백(48.8%), 비사용자 역차별(33.2%) 등

| 근무 혁신 방안 | 맞춤형 근무시간 자율설계 확대 | 일가정 양립 양성평등 캠페인 | 육아휴직 신청프로세스 개선 |

〈3대 근무혁신 방안의 구체적 실행내용 중략〉

추진성과	• 근무만족도 조사결과 전년 대비 10.2%p 큰 폭 상승 – 육아휴직 신청자의 성별 쏠림현상 37%p ↓ – 유연근무제 활용인원 203명 ↑, 부작용에 대한 우려 7.9%p ↓

※ 본 사례는 이해를 돕기 위해 특정 기관의 실적보고서를 각색한 내용이며 사실이 아님

분석하는 스토리텔링의 출발도 유사하며, 원인분석을 통해 개선을 추진하는 흐름도 유사하다. 이 경우는 원인분석을 통해 도출된 개선 실적의 설명이 방대하여 하나의 구조화 형태로 표현하기 어려우므로, 과제를 범주화 방식으로 제시한 후 개선 실적을 하나하나 별도로 설명하고 마지막에 최종성과를 제시하는 형태로 작성되었다.

PDCA 프로세스도 널리 활용되는 유형의 하나이다

문제해결 프로세스와 더불어 특정 사업이나 업무에 제약 없이 일반적으로 활용할 수 있는 대표적인 프로세스로 PDCA를 들 수 있다. PDCA는 운영의 체계성을 확보할 수 있는 메커니즘이므로 어떠한 실적 도입의 초기 단계에서 적용한다면 체계적인 실행기반을 설명할 수 있다. 또한 사업이 한참 진행되는 단계에서 적용한다면 PDCA의 프로세스 자체가 개선된 내용도 전달할 수 있다.

가령 다음의 사례는 이해충돌방지법이 처음 제정되어 시행을 앞둔 시점에서 법 시행에 대비하여 선제적으로 PDCA 관리체계를 마련하였다는 메시지를 담고 있다. 만약 법 시행이 본격화된 이후 동일한 형태로 설명한다면 PDCA 단계

PDCA 프로세스 표현

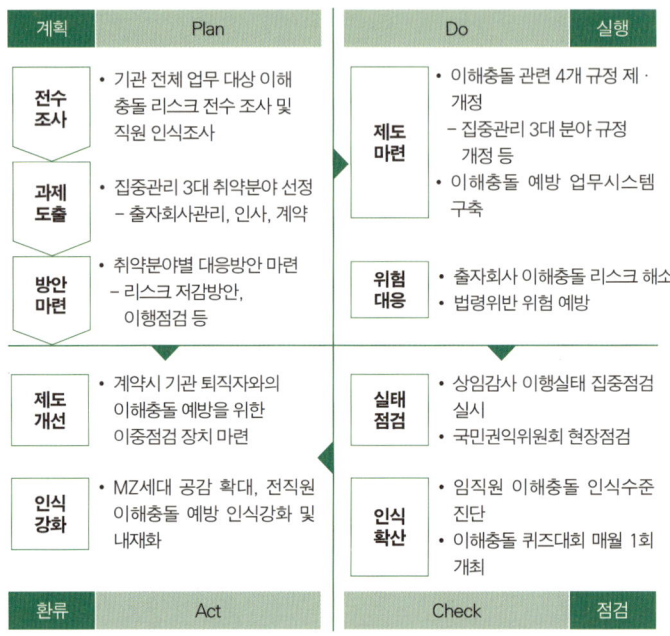

※ 본 사례는 이해를 돕기 위해 특정 기관의 실적보고서를 각색한 내용이며 사실이 아님

중 P(계획수립), C(평가, 점검), A(환류)의 단계에서 계획수립의 방법이나 범위, 성과점검이나 평가결과의 활용 등의 개선이 이루어진 점을 보여줄 수 있다.

PDCA 프로세스는 개선을 위한 기본적인 프레임이다. 이를 통해 전략의 수립 및 실행, 이행정도 평가 및 피드백의 흐름으로 전략의 수립과 실행과 관련한 내용을 설명할 수 있다. 또한 이해관계자 소통을 위한 소통계획 수립 및 소통 실행, 소통점검 및 소통성과 평가, 환류 및 피드백의 흐름으로 국민소통의 내용도 소개할 수 있다. 또한 기관의 당해연도 개선을 설명하는 기본적인 흐름이기도 하다. 특히 전년도 1차 시범사업의 추진 결과 피드백을 통한 당해연도 2차 시범사업 추진계획 반영 및 실행, 2차 시범사업의 성과평가 및 본사업 계획 환류 등 PDCA적 관점에서의 노력이 특별히 요구되는 사업에서 유용하다. 그리고 기관 중에서 정책과 관련한 종합계획이나 시행계획 등의 수립을 추진하는 경우, 매번 계획수립의 과정과 내용만을 반복적으로 설명하기보다 PDCA적 관점에서의 기존 계획에 대한 평가를 통한 환류정보가 새로운 계획에 반영될 수 있도록 하는 방법 역시 나름의 메시지를 전달할 수 있다.

잘 읽히는 보고서는
나무보다 숲을 보여준다

전체적인 관점에서 개선의 의미 전달

먼저 전체를 알려주면 부분적인 실적의 의미를 쉽게 전달할 수 있다

실적의 서사가 복잡하거나 내용이 방대하다면, 범주화 방식이나 프로세스 구조화 방식의 간단한 구조로 완결성 있게 설명하기가 어렵다. 스토리텔링이 문제해결 방식이면서 프로세스 개선이 일부 실적으로 포함되어 있거나, 설명하려는 추진성과에 연결된 추진노력이 다양한 분야에서 개선되어 과제의 개수가 많은 경우가 이에 해당한다.

개별실적을 따로 설명하기보다 성과창출을 위한 종합적인 접근으로 설명하면 방대한 실적이라도 전체적인 이해가 용이해진다. 가령 전체 구조와 흐름을 보여주는 지도(map) 역할을 하는 요약 정보를 먼저 제시하면 전체를 먼저 파악할 수 있어서 후술된 부분 실적들을 이해하기가 쉽다.

예를 들어 설명하는 과제의 앞부분에 사업 전체 흐름에서 당해연도의 집중개선사항을 요약하거나 고객들의 VOC 중 상위 3~4개 요인에 대한 개선과제를 제시하는 등의 경우를 예로 들 수 있다. 짧게는 1페이지로, 주요사업의 경우에는 많을 때 2페이지 이상에 걸친 실적을 구조적으로 설명하기 위한 목적으로 활용된다.

이렇듯 전체 흐름과 개선의 맥락이 제시되어야만 부분적인 개별실적이 온전히 이해될 수 있다. 묘목 한 주를 식재한 노력을 보여주기보다 전체적인 숲의 관점에서 묘목의 의미를 이해할 수 있도록 설명하는 것이 진정한 개선노력 및 성과를 파악하는데 더 유용하다.

부분 실적 자체로는 타당성이나 적정성을 판단하는 데에는 한계가 있는 경우가 많다. 이럴 경우, 전후 실적이나 다른 지원 활동 등 연계 정보들을 완성시키면 누락되거나 미흡한 부분을 찾아낼 수 있다. 개별실적의 구체적인 내용보다 전체를 구성하는 요소로서의 의미와 발전을 위한 흐름의 한 단계로서의 개선노력이 의미를 지니므로 실적에 대한 유의미한 해석이 가능하다. 물론 개선노력을 실행하는 입장에서 업무추진 과정상에서 누락되거나 미흡한 요소가 없도록 애초에 전체적인 접근을 하지 않았다면 전체로 제시한 내용에 미흡한 요소가 발견될 가능성이 크다.

5초 안에 숫자 찾기

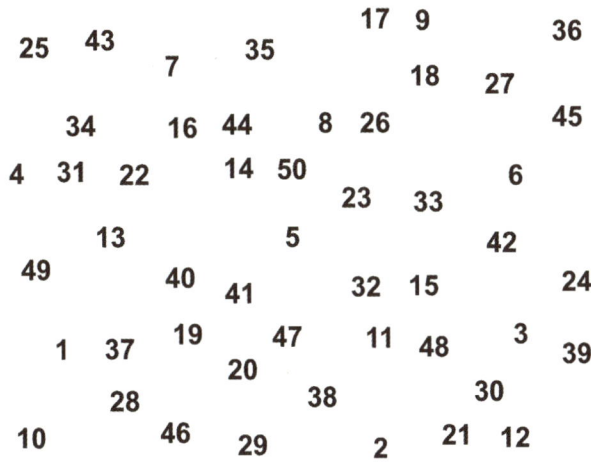

숫자 찾기로 보는 보고서 읽는 방법

위 그림에는 1부터 50까지의 숫자가 있다. 1부터 시작해서 순서대로 숫자를 찾아보는데 5초 안에 10 이상의 숫자를 찾았다면 이 그림의 규칙성을 간파했을 것이다. 이 숫자판은 왼쪽 아래쪽에서 시작해서 오른쪽으로 진행된 다음, 한 단 위쪽으로 올라가서 다시 왼쪽에서부터 오른쪽으로 진행되는 지그재그 형태로 숫자가 배치되어 있다. 그러므로 2를 찾은 후 '설마'라고 하는 느낌으로 3을 찾았다면 그

무작위로 보이는 숫자판의 전체 구조

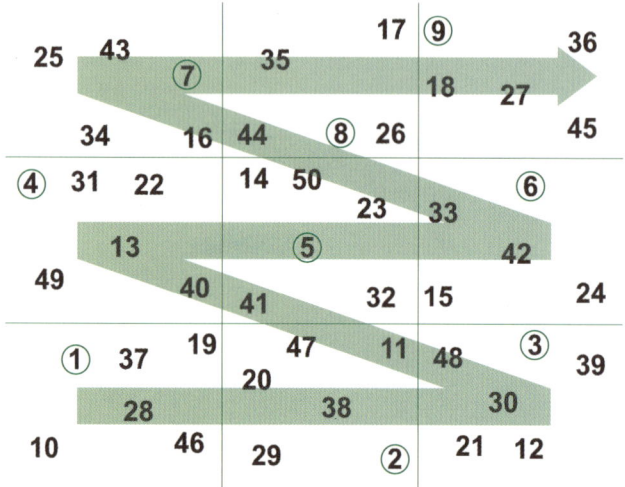

다음 숫자는 애써 찾는 노력이 없어도 시선을 이동하는 경로에서 자연스럽게 발견하게 된다.

숫자배열의 규칙을 알기 전에는 숫자가 무작위로 보였지만 숫자판의 전체 구조를 알게 된 후에 다시 숫자를 찾으면 훨씬 빨리 찾을 수 있다. 전체 구조를 알게 되면 계속해서 등장하는 개별적인 내용의 의미를 전체 구조 속에서 이해하기가 쉬워지는 것이다. 그리고 다른 내용과의 연계성이나 완성도에 대한 파악도 용이해진다.

이렇듯 어떤 내용을 이해할 때, 전체 흐름을 알고 있다면 부분적인 내용을 빨리 이해할 수 있고 향후 전개될 내용도 어느 정도 예측할 수 있다. 그러므로 평가자 입장에서는 전후 상황 혹은 전체적인 구조, 본래의 계획 등에 대한 정보가 있다면 일부의 내용을 이해하고 전체적인 맥락에서 실적의 의미를 파악하기가 수월하다. 또한 처음 보는 방대한 양의 실적보고서를 규칙성에 의해서 빨리 읽을 수도 있다.

체계적으로 작성된 보고서는 단기적 실적과 장기적 접근 모두 다룬다

개선을 위한 원대한 미래, 그러나 미완성의 오늘

실적보고서는 당해연도의 노력과 성과를 전달한다. 실적의 타당성에 대한 소통을 위해 장기적인 계획이나 로드맵 등을 제시하기도 하지만 추진성과를 설명하는 핵심내용은 당해연도의 개선노력이다. 당해연도의 개선노력으로 파악되는 내용은 주로 연중에 이행되고 결과를 확인할 수 있다. 한편 연말에 시작해서 3년간 진행되는 연구과제, 고시개정(안)을 주무부처와 논의 중인 상황, IT시스템 개발을 위한 발주가 진행되고 있는 상황 등은 보고서 작성과정에서 고민하는 부분인데, 당해연도 실적으로 설명하기에는 현재 진행상태나 시기가 모호하기 때문이다. 실적을 연도별 완결형으로 단순화해서 설명하려 하면, 이러한 실적은 가시적 성과가 나타나지 않았으므로 그러한 시도의 실익이 없다. 그러나 성과향상을 위해서는 다양한 개선 접근이 필요하고, 단기적으로 연중에 완료될 수 있는 과제가 있는가 하면 과제가 이행되는 기간에 물리적으로 상당한 기간이 소요되는 장기 과제도 존재한다.

예를 들어 공항이용의 쾌적성과 관련하여 여객터미널의 수용능력에 대해 문제를 인식한 상황에서 현재 시설의 수용능력 범위 내의 이용객 증가는 매장 재배치와 숨은 공간의 활용, 승객 동선 조정 등을 통해 대응할 수 있다. 그러나 터미널 내 혼잡도 관리 수준을 넘어 이용객들이 불만을 지속적으로 제기하는 상황에서는 현재 상태에서 할 수 있는 개선노력을 추진하면서도 다소 장기간이 소요되더라도 근본적인 대책 마련을 해야 한다. 신규 터미널 확보나 기존 터미널 확장 등과 같은 대안을 고려하게 되는 경우, 해당 대안에 대한 사업타당성 분석 및 주무부처 협의 등을 추진하는 데는 많은 시간이 소요되며, 의사결정이 지연되기도 하는 등 대체로 예측가능성이 떨어진다. 이러한 경우 당해연도 노력과 실적이라는 범주에 현재 상태 결론이 도출되지 않

장기적 대응과 단기적 개선

직무와 역량 중심의 인사제도 개선으로 구성원의 수용도 제고

현황분석	개선 방안 마련
• 인사제도에 대한 구성원 만족도 62점으로 낮은 수준 • 배치 만족도가 가장 낮음 • 입사 5년차 미만 직원들의 불만 높음	**단기과제** 1. 역량 기반 직무배치 기준 마련 2. 직무별 필요역량 구체화 **장기과제** 3. 인사 통합데이터 베이스 구축

□ [단기과제] 직무와 역량에 기반한 배치 기준 재설정 ◀

□ [장기과제] 적재적소 배치 실현을 위한 인사 통합데이터베이스 구축 추진 ◀

았다는 이유로 장기적 관점의 노력을 제외한다면, 문제해결을 위한 기관의 고민을 제대로 전달할 수 없다. 그러므로 당해연도 현실적으로 실현가능한 범위 내에서 상황을 개선한 노력을 전달하되, 장기적 관점에서 기관이 고민하고 추진하는 내용도 포함해야 한다.

위의 사례는 직무와 역량 중심의 인사제도 개선을 위한 노력을 보여준다. 직무배치와 직무역량 구체화를 위한 노력을 구체적으로 제시하고, 핵심메시지에서 주장하는 대로 구성원의 수용도가 제고된 성과의 객관적 근거를 제시할 수 있다면 적정한 성과 또한 소통할 수 있다. 그러나 기관 내부적으로 기존 인사시스템에 직무 데이터를 통합하는 시스템 개발이 추진 중이라고 한다면 현재 시스템이 완성되지 않은 상황이라도 인사 통합데이터베이스를 구축하고 있다는 상황이 전달되어야 한다. 그래야 개선을 위한 기관의 노력을 온전히 소통할 수 있기 때문이다.

당해연도 개선 추진과 동시에 장기적 관점에서 단계적 개선 방안을 마련하고 있다는 메시지는 중장기 로드맵의 형태로 제시되기도 한다. 중장기 로드맵은 단기, 중기 및 장기의 추진목표와 추진과제 등을 포함한다. 중장기 로드맵은 위의 사례와 같이 추진방향을 강조하는 형태로 작성되

중장기 개선방안: 기간별 추진방향 중심

| 단기 | 유동성 관리 강화 | 중기 | 현금흐름 창출능력 제고 | 장기 | 자본구조 건정성 유지 |

수익구조 개선
- (단) 마케팅 강화
- (중) 건설관리 원가 혁신
- (장) 요금현실화

투자유연성 제고
- (단) 투자조정
- (중) 투자의사결정 체계 고도화

재원조달능력 향상
- (단) 투자비 국고 부담 상향
- (중) 국책사업 투자비 회수 방안

리스크관리 선진화
- (단) 차입금 포트폴리오 최적화
- (중) 유동성 및 금융 위험관리

기도 하며, 아래 사례처럼 연차별 성장단계를 강조하는 형태로 구성되기도 한다. 두 사례 모두 로드맵의 형태를 쉽게 파악할 수 있도록 각색된 내용으로 추진목표와 모니터링체계, 추진조직 등은 생략하였다. 두 사례는 단기, 중기 및 장기의 단계적인 관점을 포함하는 방안을 마련하고 있다는 점과 3~4가지 추진방향을 토대로 구체적인 과제를 설정하고 있다는 점에서 동일하다. 기관의 실적보고서 중에서는 연차별 성장단계 형태로 표현된 로드맵의 형태를 더 자주 발견할 수 있다. 그러나 기간별 추진방향 중심의 로드맵은 개선의 방향성과 메시지가 강조될 수 있다는 장점이 있지만, 반

중장기 개선방안: 연차별 성장단계 중심

로드맵	도입기('22~'23년)	확산기('24~26년)	도입기('24~26년)
	• 공정경제 및 동반성장을 위한 내부 제도 및 인프라 구축	• 기관 특화 상생협력 모델 발굴을 통한 동반성장 확산	• 기관 특화 상생협력 모델 발굴을 통한 동반성장 확산
추진 방향	중소기업 기술보호 및 기술거래 생태계 구축	상생협력 확산으로 중소기업 성장 동기 부여	인프라를 활용한 중소기업 경쟁력 강화
추진 과제	• 기술보호 역량 강화 • 개방형 기술혁신 지원	• 대중소기업간 격차해소 지원 • 판로지원 및 구매확대	• 해외진출 / 수출기업 지원강화 • 중소기업의 ESG 역량 제고

면 계획으로서의 체계성은 다소 부족하다는 단점이 있다, 한편 연차별 성장단계 중심의 로드맵은 충분히 숙고하지 않은 경우 계획 자체가 불분명하다는 단점이 있다. 반면 추진조직이나 모니터링체계 등 이행체계까지 표현된다면 추진체계를 완성도 있게 전달할 수 있다는 것이 장점이다.

두 가지 사례 모두 중장기 로드맵에 따라 당해연도에 추진해야 하는 과제를 정상적으로 추진하였다는 부분을 당해연도의 실적으로 설명한다. 그러나 사업의 특성이나 추진과제 자체의 특성상 연내에 완수되지 않고 1년 이상의 기간이 소요되는 장기 과제는 '추진 중'인 상태로 매듭지어진다. 중장기 로드맵의 이행 노력을 설명하는 것은 단기적 개선과 더불어 장기적 관점에서의 대응이 필요하므로 실적 또한 단순히 연내 완수된 과제를 설명하기보다 장기적 관점에서 당해연도의 노력이나 기관의 운영수준 등을 해석하여 전달해야 한다.

예를 들어 로드맵의 이행정도에 대한 설명은 3년에 걸친 과제라고 하더라도 과제 이행과정 상의 단계적 성과에 대한 성과점검을 통해 로드맵 이행률 등의 형태로 진척도 관리를 세분화할 수 있다. 또한 기관의 노력은 당해연도에 추진하기로 계획되어 있는 과제를 단순히 이행했다는데 그치지 않고, 현재까지의 이행상황에 대한 성과점검을 토대로 향후 추진과제를 성공적으로 이행하기 위한 환류가 이루어졌을 수도 있다. 차년도 이후에 추진해야 하는 과제가 이해관계가 복잡하고 민감한 문제를 다루고 있어서 기한 내에 완수하지 못할 위험에 대비하여 사전 이행준비를 추진하는 노력을 선제적으로 추진했을 수도 있다. 이처럼 중장기 로드맵은 그 자체로 단기적 개선과 장기적 대응을 설명하기도 하지만, 로드맵을 통한 소통의 핵심은 로드맵이 정상적으로 추진되도록 하기 위한 기관의 노력이나 장기 사업을 운영하는 수준을 전달하는 것이다.

개선의 방향성을 표현하는 키워드가 부각되게 작성하라

개선점은 '성과에 가까워지기 위한' 변화

기존 – 개선의 구도는 과거를 부정하는 흑백논리이다

보고서에 기록할 핵심 정보는 전년 대비 개선점과 올해의 우수한 성과이다. 성과는 결과(Outcome)에 해당하며 명확하게 나타낼 수 있다. 예를 들어 비전인지도나 인사제도 만족도가 전년 대비 증가했다거나 의무고용비율이나 의무구매비율을 충족했다는 등 사업 성과로 표현되는 성과달성 수준은 계량화된 수치로 객관적이고 명확하게 개선성과를 제시할 수 있다. 그러나 전년 대비 개선점은 과정상의 노력에 해당하고 여러 활동을 추진하였기 때문에 설명할 내용이 많고 일의 순서나 전개가 복잡할 수 있다.

전년 대비 개선점을 설명하기 위해 많은 기관에서 비교 설명방식을 활용하고 있다. 비교 설명방식은 전년도(혹은 과거)와 올해의 상태를 직접 비교하여 제시하는 방식이다. 양식이 단순하고 직관적으로 '기존-개선'의 양식으로 전년 대비 개선점을 보여준다.

그러나 비교 방식의 설명에는 결정적인 결함이 있는데 '기존'의 내용이 부정적이어야 '개선'의 내용이 쉽게 파악된다는 점이다. 개선된 정도를 설명하는 것보다 존재여부를 설명하는 편이 수월하다. 즉, 과거를 부정해야 올해의 실적이 돋보이게 되는 아이러니한 상황이 발생한다.

과거를 부정하는 비교 설명

자산운용수준 개선을 위한 다각적인 추진노력 및 효과

구분	기존	개선
시스템 구축	• 관리체계 부재로 연계 불명확	• 자산관리시스템을 이용한 통합관리
내부규정 신설	• 자산관련 프로세스 불명확 • 구체적인 지침 부재	• 자산관리규정 신규 제정 • 자산취득, 사용 및 처분에 관한 기준 및 절차 수립
시설 개선	• 비효율적 공간 활용 • 비능률적 자산 관리	• 자산관리시설 보강 • 자산규모 증가에 대응

※ 본 사례는 이해를 돕기 위해 특정 기관의 실적보고서를 각색한 내용이며 사실이 아님

위의 사례는 가장 흔히 볼 수 있는 기존-개선 형태로 작성된 보고서이다. 구분에 제시된 영역별로 당해연도의 개선된 사항들을 기존과 비교하는 방식인데, '기존' 내용이 대부분 부정적으로 표현되고 '개선' 내용은 모두 긍정적으로 표현되고 있다. 5가지의 개선점을 제시하였으나 읽는 사람의 입장에서는 어떤 점이 개선된 것인지 명확히 파악할 수 없으며, 이러한 개선이 성과에 어떤 기여를 할 수 있는지 짐작하기 어렵다.

결정적인 문제는 모든 내용을 읽어도 머리에 남는 인상

적인 개선점이 없다는 점에 있다. 개선노력의 타당성이나 운영수준의 개선 정도 등 성과의 방향성에 대해 파악하기 어렵고, 운영수준이 개선된 객관적 근거와 체감적 설명이 미흡하기에 평가의견에 반영될 수 있는 정보가 거의 없다.

**전년도 상태와 단순 비교하는 방식으로는
명확한 개선점이 전달되지 않는다**

기존-개선 양식의 장점은 보고서에 등장하는 여러 형태의 작성양식 중 상대적으로 단순한 편에 속해서 보고서 작성에 익숙하지 않은 작성자도 큰 부담 없이 작성할 수 있다는 것이다. 작성자가 과거에 해당 업무를 수행하지 않았다고 하더라도 내부문서를 통해 전년도 상태를 요약해서 '기존' 부분에 작성하고, 당해연도에 추진된 내부문서를 읽어본 후 올해 실적을 '개선' 부분에 정리하는 형태로 작성하기 때문이다. 그러나 전년 대비 개선을 통해 우리가 얼마나 성장하고 서비스가 개선되었는가에 초점을 맞추어 작성하지 않고 전년도와 달라진 점을 비교형태로 전달하게 되면 읽는 사람이 개선의 진정한 의미를 파악하기가 어렵다. 전년도와 당해연도를 비교하는 형태의 보고서는 읽는 사람의 입장에서 피곤하고 비효율적이며 읽기 불편하다. 왜냐하면 기존의 내용과 개선된 내용을 모두 파악한 후 읽은 내용을 머릿속에서 재조합하여 개선된 내용을 스스로 해석하고 파악해야 하기 때문이다. 개선점에 대한 고찰 없이 전년도와의 상태를 단순히 비교설명한 보고서는 쉽게 작성할 수는 있으나 명확한 개선점을 전달하기는 어렵다.

기존-개선의 단순 상태 비교방식

효율적 이사회 운영을 위해 안건사전설명회 도입 및 시행

기존	개선
• 비상임이사 대상 안건 사전설명 − 안건부서별 방문 및 유선 설명 • 상임이사 대상 사전설명 절차 부재 − 담당 본부장만 안건 이해	• 안건 사전설명회 도입 · 시행 − 이사회 2식간 前 사전 설명 − 안건부의 부서장이 직접 설명 * 필요시 직접 방문 설명 • 이사회 개최주에 경영진 회의에서 상임이사 대상 안건 설명

※ 본 사례는 이해를 돕기 위해 특정 기관의 실적보고서를 각색한 사례임

위의 사례는 '기존'에 운영했던 방식과 당해연도 '개선'한 방식을 비교 설명하는 양식인데 개선점이 제시되었다기보다 변경된 내용을 설명하고 있다. 어떤 점이 개선되었는지, 어떤 성과향상에 기여했는 지를 설명하는 대신 '변경된 내용' 자체를 설명하고 있으며, 명확한 개선점의 파악 및 정보 제시의 우선순위 등에 대해서는 고려하지 않았다. 변경된 내용 자체만으로는 '바람직한 방향성'으로의 개선을 설명하는 데 한계가 있으므로 개선점과 더불어 해당 개선의 성과 혹은 기대효과에 해당하는 성과의 방향성을 함께 제시해야 비로소 성과창출의 관점에서 소통할 수 있다.

위의 사례를 단순한 상황이 아닌 개선점과 성과에 집중하여 재구성한다면 아래와 같은 사례로 표현할 수 있다. 먼저 개선점을 명확히 하기 위해서는 'why', 즉 해당 개선을 실시하는 이유와 추구하는 성과를 먼저 고민해야 한다. 이번 사례에서는 개선하고자 하는 성과를 비상임이사의 실질적 참여와 이사회의 경영견제 역할을 강화하는 방향으로 설정하였다. 위의 사례에 제시된 내용을 활용하여 시각적 정보전달력을 높일 수 있도록 도식화하였는데, 표의 맨 왼쪽에 '당일 안건설명 신규 도입', '사전 방문설명 지속 실시'의 내용을 작성하여 선탈하고자 하는 개선점을 간결하게 제시하여 보고서의 가독성을 높였다. 또한 개선점과 관련하여 추진된 객관적인 사실정보를 보강하여 추진노력의 구체성을 높이고, 당해연도의 활동들이 성과에 기여한 객관적인 성과측정 근거를 하단부에 제시하면 신뢰성이 향상된다. 이를 통해 추진노력이 성과에 기여하는 유효하고 적정한 노력이었음을 강조하는 형태로 재구성한다면 설득력이 높아진다.

사례의 재구성: 개선점을 강조하는 형태

안건 이해도 제고 노력으로 비상임이사 실질적 참여 및 견제 역할 강화

구분	개선내용
당일 안건설명 신규 도입	• 비상임이사 대상 이사회 2시간 前 사전설명 신규 도입 - (기존) 사전설명 → (개선) 사전설명 + 당일 안건설명 • 인건부의 부서 의사결정자와 직접 질의응답으로 안건설명의 실효성 제고
사전 방문설명 지속 실시	• 안건 부서별 방문 및 유선으로 부의안건에 대한 사전 설명 - 전년 대비 안건 130% 증가에도 사전설명 100% 실시

▶ 이사회이사회 내 실질적 역할 강화 → 비상임이사 안건당 발언횟수 전년 대비 30% 향상
▶ 전문성에 기반한 경영견제 역할 → 부결 및 보류 안건 3건(신규사업 사업타당성 보완 등)

한 권으로 마스터하는
보고서 완성 스킬북

1판 1쇄 인쇄	2025년 6월 8일
1판 1쇄 발행	2025년 6월 15일

지은이	허지안
펴낸이	정원우
편집총괄	이원석
디자인	홍성권

펴낸곳	어깨 위 망원경
출판등록	2021년 7월 6일 (제2021-00220호)
주소	서울시 강남구 강남대로 118길 24 3층
이메일	tele.director@egowriting.com

ISBN   979-11-93200-12-4 (13000)

ⓒ2025, 허지안 All rights reserved.

이 책은 저작권법에 따라 보호받는 저작물이므로 무단전재와 무단복제를 금지하며,
이 책의 내용을 이용하려면 반드시 저작권자와 본사의 서면동의를 받아야 합니다.